AF600972

Vente des 3 Avril et Jours suivants

CABINET

DE

M. EUGÈNE TONDU

OBJETS D'ART & DE CURIOSITÉ

EXPOSITIONS { PARTICULIÈRE, le Samedi 1er Avril 1865
PUBLIQUE, le Dimanche 2 Avril 1865 }

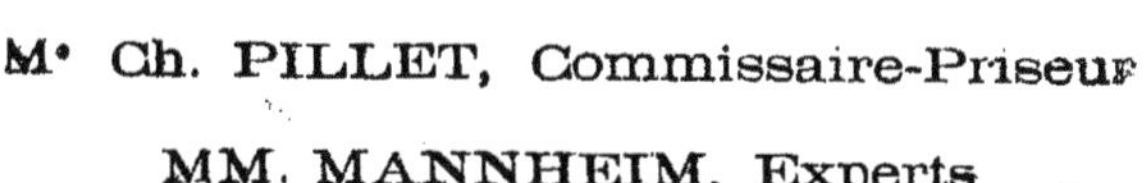

Me Ch. PILLET, Commissaire-Priseur

MM. MANNHEIM, Experts

PARIS. IMPRIMERIE DE PILLET FILS AINÉ
5, RUE DES GRANDS-AUGUSTINS.

CATALOGUE

D'UNE IMPORTANTE COLLECTION

D'OBJETS D'ART

ET DE CURIOSITÉ

Émaux de Limoges;
Faïences italiennes et autres; Sculptures en bois, en ivoire et en marbre;
Jolies Terres cuites par Clodion, Marin et autres;
Médaillons par Nini; Bronzes d'art français et italiens; Bronzes et Meubles des époques
Louis XIV, Louis XV et Louis XVI;
Porcelaines de Sèvres, de Saxe, de Chine et du Japon; Chinoiseries;
Vitraux; Orfévrerie; Objets en fer et en étain;
Mosaïques et Matières précieuses; Tabatières, Bonbonnières et Bijoux;
Portraits et Sujets peints sur émail; Belles Miniatures par Guillaume Baur, R. Van Orley,
Boucher, Klinstett, Charlier, Hall, Sicardi,
Augustin, Saint, Isabey, Prud'hon, etc.;
Fixés et quantité d'Objets variés

Provenant du Cabinet de feu M. Eugène TONDU

DONT LA VENTE AUX ENCHÈRES PUBLIQUES AURA LIEU

APRÈS DÉCÈS

HOTEL DROUOT, SALLES Nos 4 & 7

Les 3, 4, 5, 6, 7, 8, 27, 28 et 29 Avril 1865 *

A UNE HEURE ET DEMIE

Par le ministère de Me **CHARLES PILLET**, Commissaire-Priseur,
rue de Choiseul, 11,

Assisté de MM. **MANNHEIM**, Experts, rue de la Paix, 10,

Chez lesquels se trouve le présent Catalogue.

EXPOSITIONS { Particulière, le Samedi 1er Avril 1865,
Publique, le Dimanche 2 Avril 1865,

De une heure à cinq heures.

* Voir l'Ordre des Vacations à la page III.

CONDITIONS DE LA VENTE

Elle sera faite au comptant.

Les adjudicataires payeront *cinq pour cent* en sus des enchères, applicables aux frais.

Ce Catalogue se trouve :

Chez MM.

A Paris,	CHARLES PILLET, commissaire-priseur, 11, rue de Choiseul.
—	MANNHEIM, experts, 10, rue de la Paix.
—	FEBVRE, expert, 12, rue Laffitte.
A Londres,	COLNAGHI, 14, Pall-Mall-East.
—	JOHN WEBB, 22, Cork-Street, Burlington-Garden.
—	H. DURLACHER, 113, New-Bond street.
—	ANNOOT, 16, Old-Bond street.
—	F. DAVIS, 101, New-Bond street.
—	GAMBARD, 120, Pall-Mall.
A Bruxelles,	ETIENNE LEROY, 12, place du Grand-Sablon.
A Berlin,	FIOCATI, 21, unter den Linden.
—	AMSLER et RUTHARDT, 48, Charlottenstrasse.
A Vienne,	ARTARIA et Ce.
—	STAMMLER et KARLSTEIN, 2, Bogner-Gasse.
A Francfort-s.-Mein.	LŒVENSTEIN frères, Zeil.
—	GOLDSCHMIDT, Zeil.
A Saint-Pétersbourg.	NEGRI, père et fils.
A La Haye,	VAN GOGH, marchand d'estampes.

Paris — Imp. PILLET fils aîné, rue des Grands-Augustins, 5

ORDRE DES VACATIONS

LE LUNDI 3 AVRIL 1865

(SALLE N° 7)

Émaux de Limoges.............................. 1 à 68
Sculptures en ivoire........................... 152 à 188
Sculptures en bois......... .... 189 à 203

LE MARDI 4 AVRIL

(SALLE N° 7)

Émaux de Limoges.............................. 69 à 138
Faïences.. 139 à 151
Verrerie et Vitraux............................ 504 à 524
Fer et Étain (Objets en)........... .... 552 à 559
Divers... 575 à 587

ORDRE DES VACATIONS

LE MERCREDI 5 AVRIL

(SALLE N° 7)

Terres cuites	240 à 248
Terres cuites par Nini	249 à 257
Bronzes d'art	258 à 322
Fusils de chasse	396

LE JEUDI 6 AVRIL

(SALLE n° 7)

Bronzes d'ameublement	338 à 357
Meubles	358 à 395
Porcelaines de Sèvres et autres	397 à 462

LE VENDREDI 7 AVRIL

(SALLE N° 4)

Médailles	323 à 337
Porcelaines de Chine et du Japon	463 à 481
Chinoiserie	482 à 503

Orfévrerie.................................... 525 à 551
Mosaïques et Matières précieuses.................... 560 à 574
Fixés.. 928 à 944

LE SAMEDI 8 AVRIL

(SALLE N° 4)

Tabatières et Bijoux............................. 588 à 632
Émaux peints..................................... 633 à 684

LE JEUDI 27 AVRIL

(SALLE N° 7)

Miniatures....................................... 854 à 927

LE VENDREDI 28 AVRIL

(SALLE N° 7)

Miniatures (portraits)............................ 685 à 701
Miniatures (portraits)............................ 702 à 725
Miniatures....................................... 810 à 854

ORDRE DES VACATIONS

LE SAMEDI 29 AVRIL

(SALLE N° 7)

Miniatures (portraits)................ .... 726 à 791
Miniatures (portraits)............... .... 792 à 809

N. B. Les objets compris dans les trois dernières Vacations seront réexposés le dimanche 23 avril, de une heure à cinq heures, dans la salle n° 7.

TABLE DES MATIÈRES

DÉSIGNATION

DES OBJETS

Émaux de Limoges

1 — Couvercle de coupe; peinture en grisaille sur fond noir rehaussée d'or, par Pierre Raymond. Il est décoré intérieurement et extérieurement de bustes, de personnages divers, avec entre-deux à têtes de chérubins et ornements divers. Bordure en bois noir et filets dorés. Diam., sans le cadre, 165 millim.

2 — Assiette ronde; peinture en grisaille sur fond bleu, chairs teintées et rehauts d'or. Elle représente Adam et Ève dans le paradis terrestre; le bord est décoré de rinceaux et le revers offre un buste de femme dans un large cartouche. Bordure en bois noir et filets dorés.

3 — Assiette analogue à celle qui précède. Elle représente Adam et Eve dans le paradis terrestre. Eve est sous le

pommier et accepte la pomme que le serpent lui offre. Le revers offre une figure debout, tenant le sceptre et la balance de la Justice et placée sous un dais entouré d'ornements à rinceaux et vases. Bordure en bois noir et filets dorés.

4 — Autre assiette provenant de la même suite que celles qui précèdent. Elle représente Adam et Ève chassés du paradis. Bordure en bois noir et filets dorés.

5 — Médaillon ovale en hauteur. Peinture en émaux de couleurs rehaussée d'or, attribuée à Léonard Limousin. Guerrier debout tenant une bannière. Il porte les noms : MARS APELLE. Bordure en bois noir et filets dorés. Haut. 20 cent., larg. 15. centim.

6 — Belle plaque ronde, peinture en émaux de couleurs par Léonard Limousin, portant son monogramme et la date de 1538. Elle représente saint Jean-Baptiste au milieu d'un paysage, agenouillé devant l'agneau pascal. Bordure en bois noir et filets dorés. Diam. 16 centim.

7 — Deux jolies plaques de forme carré-long. Peintures en grisaille sur fond noir, attribuées à Pierre Raymond. L'une d'elles représente Didon et Enée, et l'autre Junon et Eole. Bordures en bois doré.

8 — Belle plaque de forme carrée. Peinture en grisaille sur fond noir, par Pierre Pénicaud. Elle représente un buste de Satyre et un buste de femme vus de profil et accolés. Elle porte l'inscription : IN STATUAM AMORIS. L'émail

translucide du revers de la plaque laisse apercevoir le poinçon du maître. Larg. et haut. 105 millim.

9 — Très-jolie petite plaque carrée. Peinture en grisaille teintée sur fond noir portant le monogramme I. R. Elle représente la Vierge tenant l'Enfant Jésus sur ses genoux et couronnée par deux anges. Elle porte l'inscription suivante : Regina Celi Letare Alleluya. Cadre en bois à moulures. Haut. 7 centim., larg. 55 millim.

10 — Petite plaque cintrée par le haut, provenant d'une paix. Peinture en grisaille, chairs teintées sur fond noir, attribuée à Pape. Elle représente la mère de Dieu au pied de la croix, tenant son divin fils étendu sur ses genoux. Près d'elle se trouvent deux saintes femmes en pleurs.

11 — Autre petite plaque provenant d'une paix. Jolie peinture en grisaille teintée, sur fond noir, attribuée à Pierre Raymond. Elle représente la Vierge et l'Enfant Jésus dans une auréole et placée sur le toit d'une maison soutenue par deux anges. Cadre en bois noir à moulures.

12 — Autre petite paix. Peinture en grisaille sur fond noir chairs légèrement teintées. Elle représente l'Annonciation. Cadre en bois noir.

13 — Petit cadre en bois doré avec fond de velours rouge sur lequel sont appliquées trois petites plaques d'émail. L'un d'eux, de forme ovale, peint à paillons, représente Apollon charmant les animaux. Les deux autres, de forme ronde

sont peints en grisaille teintée sur fond noir et représentent la Fortune et Pâris monté sur un cheval au galop.

14 — Deux petites plaques rondes, représentant LA REYNE HESTER et Judith debout, tenant des écussons armoriés. Peintures en grisaille teintée sur fond noir. Bordure en bois noir.

15 — Petite plaque ronde. Peinture en émaux de couleurs représentant la Crèche.

16 — Plaque ovale provenant d'une boîte à miroir. Peinture en émaux de couleurs et sur paillons, par Jean Courtois, et portant son monogramme (I. C.) Elle représente l'enlèvement d'Europe.

17 — Plaque ovale analogue à la précédente; elle représente deux femmes assises dans un paysage. Elle est montée sur une boîte à miroir de forme ovale en cuivre doré.

18 — Très-petit médaillon ovale. Peinture en émaux de couleurs et sur paillons attribuée à Léonard Limousin. Elle représente une sainte Madeleine en prière.

19 — Petite plaque ronde. Peinture en grisaille teintée sur fond noir; elle représente la Vierge tenant son divin fils debout sur ses genoux. SANCTA MARIA ORA PRO NOBIS.

20 — Plaque carrée. Peinture en émaux de couleurs sur fond noir. Elle représente saint Georges à cheval terrassant le

dragon. Travail de la première moitié du XVIe siècle. Haut. 13 cent., largeur 10 cent.

21 — Coupe ronde. Peinture en grisaille teintée rehaussée d'or, signée Colin. Elle représente à l'intérieur David coupant la tête de Goliath. L'extérieur est décoré d'arabesques. Cette pièce a été montée sur un pied de style bizantin, en cuivre doré, enrichi de cabochons de diverses couleurs.

22 — Petite plaque de forme ronde. Peinture en grisaille teintée, sur fond noir, attribuée à Pierre Raymond. Elle représente la Mort terrassant le Temps. Elle est placée dans une jolie bordure Louis XIII, en cuivre doré et repercé à jour.

23 — Petite plaque de forme ronde. Peinture en grisaille, chairs teintées sur fond noir. Elle représente un petit cavalier et porte l'inscription suivante : NON ARDY APELE.

24 — Petite plaque ronde. Peinture en grisaille, chairs teintées. Elle représente Hercule terrassant le monstre à sept têtes.

25 — Belle plaque de forme carré-long sur hauteur. Peinture en grisaille, sur fond noir, attribuée à Pierre Pénicaud. Elle représente la tête du Christ, couronné d'épines. Ecce Homo. Haut. 185 millim., larg. 14 centim.

26 — Plaque de forme carré-long. Peinture en grisaille légèrement teintée, attribuée à Pierre Raymond et représentant le jugement de Pâris. Cadre en bois sculpté et doré, Haut. 12 cent., larg. 20 cent.

27 — Grande plaque ovale en hauteur. Peinture en grisaille, légèrement teintée, représentant le buste de Pompée vu de profil. Cadre en bois noir et filets dorés. Haut. 12 cent., larg. 20 cent.

28 — Plaque de forme carrée. Peinture en grisaille légèrement teintée, représentant Ponce-Pilate se lavant les mains après la condamnation de Jésus-Christ. Haut. 17 cent., larg. 13 cent.

29 — Plaque de même forme et décor. Elle représente la Crèche. Haut. 18 cent., larg. 145 millim.

30 — Autre plaque de même forme et décor. Elle représente la Visitation de la Vierge. Haut. 18 cent., larg. 145 millim.

31 — Plaque de forme cintrée par le haut. Peinture en grisaille légèrement teintée, rehaussée d'or, attribuée à Pierre Raymond. Elle représente saint Roch et son chien; devant lui est une figure d'ange. Elle porte l'inscription : SAINCTE ROCHE, et la date de 1552. Haut. 14 cent., larg. 11 cent.

32 — Plaque de forme carrée. Peinture en grisaille légèrement teintée sur fond noir. Elle représente la Visitation de la Vierge et est placée dans une jolie bordure en bois sculpté du temps de Louis XIII. Haut. 17 cent., larg. 14 cent.

33 — Deux plaques ovales. Peintures en grisaille teintée sur fond noir. L'une d'elles représente le siége de Troie et l'autre l'enlèvement d'Hélène par Pâris. Elle porte des inscriptions en vieux français. Cadre en bois noir et filets dorés. Haut. 18 cent., larg. 16 cent.

34 — Deux jolies plaques de forme carrée. Peintures en grisaille teintée sur fond noir rehaussée d'or. Elles représentent un buste d'homme et un buste de femme, avec bordures de fleurs et portent ces noms : MENELA. HELENA. Travail de la première moitié du XVIe siècle. Cadres à moulures en bois d'ébène et filets dorés. Elles mesurent 7 cent. carrés.

35 — Deux plaques de forme carré-long. Peintures en grisaille teintée sur fond noir. Elles représentent des sujets tirés de la Fable.

36 — Plaque carrée. Peinture en grisaille légèrement teintée représentant Jésus-Christ devant Ponce-Pilate. Haut. 17 cent., larg. 13 cent.

37 — Plaque carrée. Peinture en grisaille légèrement teintée, représentant les saintes Femmes au tombeau. Haut. 17 cent., larg. 14 cent.

38 — Plaque carrée. Peinture en émaux de couleurs rehaussée d'or dans la manière des premiers maîtres de Limoges. Elle représente le Christ mort sur les genoux de la Vierge. Cadre en bois noir et filets dorés. Haut. 17 cent., larg. 15 cent.

39 — Petite plaque carrée de mêmes style et époque. Elle représente le martyre de saint Etienne. Bordure en écaille à moulures en ébène.

40 — Plaque carrée. Peinture en émaux de couleurs. Elle offre la mise au tombeau, dans le style des maîtres allemands du commencement du XVIe siècle. Haut. 175 millim., larg. 145 millim.

41 — Plaque carrée. Peinture en émaux de couleurs et sur paillons. L'Annonciation. Bordure en bois noir. Haut. 18 cent., larg. 15 cent.

42 — Plaque carrée émaillée en couleurs. Elle représente le Christ en croix. Au pied de la croix se trouvent les saintes Femmes. Haut. 17 cent., larg. 15 cent.

43 — Plaque carrée. Peinture en émaux de couleurs du commencement du XVIe siècle. Elle représente le Christ en croix, ainsi que les saintes Femmes, un cavalier et divers autres personnages. Bordure dorée. Haut. 15 cent., larg. 13 cent.

44 — Plaque carrée émaillée en couleurs. Le portement de croix. Bordure en bois noir et filets dorés. Haut. 22 cent., larg. 18 cent.

45 — Grande plaque carrée émaillée en couleurs. Elle représente le Christ descendu de la croix et étendu sur les genoux de la Vierge, que les saintes Femmes entourent. Bordure en bois sculpté et doré. Haut. 23 cent., larg. 19 cent.

46 — Plaque de forme carré-long en hauteur. Peinture en émaux de couleurs, par Léonard Limousin, représentant le PROPHÈTE DANIEL.

47 — Deux plaques carrées, émaillées en couleurs sur fond noir et rehaussées d'or, par Léonard Limousin. Elles représentent les sibylles AGRIPA et ASPOCIA, placées dans des bordures à tors de lauriers. Haut. et larg. 13 cent.

48 — Deux autres plaques carrées, émaillées de même, par Léonard Limousin. Elles représentent les sibyles AGRIPA et TIBUBURCIA, placées dans des tors de lauriers et se présentant en losanges. Bordures en bois noir et filets or. Collection Van Os. Haut. et larg. 13 cent.

49 — Deux petites plaques de forme carré-long, émaillées en couleurs, et attribuées à Suzanne Courtois. Elles représentent Mars et Junon couchés dans des paysages. Bordure en bois sculpté et doré. Collection Quedeville.

50 — Deux petites plaques analogues à celles qui précèdent. Elles représentent Jupiter et Mercure.

51 — Petite plaque carrée. Peinture en grisaille teintée attribuée à Pierre Raymond. Elle représente la tête du Christ sous un arceau orné de guirlandes de feuillages. Haut. 14 cent., larg. 11 cent.

52 — Grande plaque ronde, émaillée en grisaille, avec rehauts de bleu sur fond noir, par Léonard Limousin. Elle repré-

sente le buste de Paris, vu de profil et casqué. Bordure en bois noir et filets d'or. Diam. 23 cent.

53 — Plaque ronde, émaillée en grisaille sur fond noir. Elle représente le buste de l'empereur Domitien, vu de profil. Diam. 17 cent.

54 — Plaque carrée émaillée en couleurs représentant le Christ au jardin des Oliviers. Haut. 17 cent., larg. 13 cent.

55 — Plaque carrée. Peinture en émaux de couleurs sur fond vert. Elle représente la Vierge aux sept douleurs. Bordure en bois à moulures. Haut. 15 cent., larg. 12 cent.

56 — Quatre petits médaillons ronds, peints en grisaille sur fond noir. Ils représentent des bustes de personnages divers.

57 — Onze médaillons ronds, peints en grisailles sur fond noir, représentant des empereurs romains. Bordures en bois doré.

58 — Deux plaques carrées. Peintures en grisaille sur fond noir. Elles représentent le lavement des pieds, et Jésus-Christ au milieu des apôtres. Haut. 16 cent., larg. 12 cent.

59 — Deux petites assiettes ovales. Peintures en grisaille teintée sur fond bleu, représentant des sujets tirés de la Genèse. Bordures en bois noir et filets dorés.

60 — Plaque de forme carré-long, peinte en émaux de cou-

leurs et représentant une marche de guerriers. Bordure en bois noir.

61 — Grande plaque de forme carré-long en hauteur. Peinture en grisaille teintée sur fond noir. Elle représente un ange debout sur des nuages. Bordure en bois noir et filets dorés. Haut. 24 cent., larg. 18 cent.

62 — Plaque provenant d'un baiser de paix. Peinture en émaux de couleurs et sur paillons. Elle représente le Christ en croix, ainsi que des saintes femmes et la figure de saint Louis, roi de France.

63 — Autre plaque provenant d'un baiser de paix. Peinture en émaux de couleurs. Sainte Madeleine en prière.

64 — Deux plaques provenant de baisers de paix représentant saint Jérôme en prière. L'une d'elles est peinte en grisaille et l'autre en couleurs.

65 — Jolie plaque carrée, émaillée en couleurs, représentant le Christ couronné d'épines.

66 — Petite plaque de forme ovale, émaillée en couleurs, représentant le Christ flagellé.

67 — Deux pièces : petite plaque peinte en grisaille, sur fond noir, représentant deux enfants assis tenant un écusson, et petit médaillon ovale, peint en émaux de couleurs représentant deux figures de femmes.

68 — Deux petits médaillons ronds peints en couleurs sur fond noir représentant les bustes du Christ et de la Vierge.

69 — Deux pièces : l'une, de forme ovale, représente un bûcheron peint en grisaille sur fond noir ; l'autre, de forme ronde, offre le buste de Cursius peint en couleurs.

70 — Plaque carrée, peinte en grisaille, attribuée à H. Poncet. Elle représente sainte Valérie présentant sa tête à saint Martial.

71 — Grande plaque carrée. Peinture en émaux de couleurs par Jean Laudin. Elle représente la Vierge assise tenant son divin fils. Bordure du temps de Louis XIII, en bois d'ébène à fleurs gravées et moulures guillochées. Haut. 22 cent., larg. 18 cent.

72 — Deux très-belles plaques, de forme carrée, peintes en couleurs sur fond noir par Jean Laudin. Elles représentent le Christ au roseau couronné d'épines et la Mère de douleurs. Haut. 235 millim., larg. 195 millim.

73 — Plaque de forme carrée, peinte en grisaille sur fond noir par Jean Laudin. Elle représente saint Joseph couronné de fleurs par l'Enfant Jésus, qu'il tient sur ses genoux. Cadre en bois doré. Haut. 14 cent., larg. 12 cent.

74 — Grande et belle plaque ovale provenant d'un bénitier. Peinture en émaux de couleurs sur fond noir, avec bordure à ornements en relief émaillés blanc, par Jean Lau-

din. Elle représente saint Roch, montrant sa blessure à un ange agenouillé. Bordure en bois noir et or. Haut. 22 cent., larg. 19 cent.

75 — Plaque carrée dont les angles sont enrichis d'ornements en relief émaillés blanc et offrant, dans un médaillon ovale, le buste de la Vierge peint en couleur sur fond noir. Ouvrage de Jean Laudin. Cadre en bois sculpté et doré. Haut. 13 cent., larg. 11 cent.

76 — Jolie plaque ronde, peinte en émaux de couleurs sur fond noir, par Jean Laudin. Elle représente l'adoration des Rois Mages. Jolie bordure en bois sculpté à feuillages du temps de Louis XIII.

77 — Plaque carrée peinte en grisaille avec rehauts de couleurs sur fond noir. Elle représente une tête de mort couronnée de fleurs placée entre deux flambeaux et reposant au-dessus d'un squelette humain : MEMENTO MORI. Haut. 13 cent., larg. 10 cent.

78 — Grande plaque carrée émaillée en couleurs sur fond noir, par Jean Laudin. Elle représente Ste JOANNA vêtue d'un manteau fleurdelisé ; à ses pieds sont déposés la couronne royale et le sceptre. Haut. 18 cent., larg. 10 cent.

79 — Grande plaque de forme carré-long. Peinture en grisaille sur fond noir attribuée à H. Poncet. Elle représente une bacchanale d'enfants. Larg. 23 cent., haut. 16 cent.

80 — Plaque ovale peinte en grisaille sur fond noir, par Jean Laudin. Elle représente la Vierge et l'enfant Jésus. Bordure en bois noir et filets dorés.

81 — Petite coupe ronde peinte en couleurs, sur fond noir, par Jean Laudin. Elle représente le jugement de Pâris ; bordure en bois noir et filets dorés.

82 — Soucoupe émaillée en couleurs du temps de Louis XIII. Jupiter et Calisto dans un paysage avec bordure de fleurs sur fond blanc.

83 — Tasse à vin de forme ronde à deux anses, peinte en grisaille sur fond noir, par Jean Laudin. Le fond de la coupe représente la Vierge et saint Joseph en adoration devant l'Enfant Jésus. Le bord et l'extérieur sont décorés d'ornements en relief émaillés blanc.

84 — Autre tasse à vin. Le fond de la coupe représente saint Germain en adoration devant un crucifix ; il est peint en couleurs sur fond noir. Le bord intérieur est décoré de fleurs sur fond blanc. L'extérieur offre un paysage, des oiseaux et des feuillages peints en couleurs sur fond noir.

85 — Petite plaque carrée, offrant le sujet de l'Annonciation, peint en couleurs sur fond noir. Les angles de la plaque sont enrichis d'ornements en relief émaillés blanc. Ouvrage de Jean Laudin.

86 — Tasse à vin de forme ronde à lobes. Le fond de la coupe présente la figure de sainte Catherine peinte en grisaille

sur fond noir. Le bord est décoré de fleurs sur fond blanc, et l'intérieur offre un paysage, des oiseaux et des fleurs en couleurs sur fond noir. Ouvrage de J. Laudin.

87 — Tasse analogue à celle qui précède. Le fond présente le buste d'un pèlerin, et à l'extérieur se trouve un blason décoré en couleurs.

88 — Plaque ovale présentant le sujet de la naissance du Christ, peint en émaux de couleurs. La bordure à ornements en relief est enrichie de figures de saints personnages. Ouvrage de J. Laudin. Cadre en bois noir et filets dorés.

89 — Plaque ovale. Peinture en grisaille sur fond noir, représentant la Vierge assise sur des nuages. Par Jean Laudin. Cadre en bois noir et filets dorés.

90 — Petite plaque carrée. Peinture en émaux de couleur sur fond bleu représentant un saint personnage debout portant l'enfant Jésus sur son bras droit et tenant un crucifix de la main gauche. Par J. Laudin.

91 — Deux jolies plaques de forme carré-long. Peinture en grisaille sur fond bleu foncé. Par Jean Laudin. Elles représentent des paysans assis dans des paysages et portent les inscriptions suivantes :

Un verre de simple eau est plus délicieux,
Lorsque l'on a bien soif, que le nectar des Dieux.

Dès la pointe du jour je sors de mon village,
Pour porter au marché des voilailles et fruitage.

Bordures en bois noir. Haut. 13 cent., larg. 16 cent.

92 — Plaque de forme carré-long. Peinture en émaux de couleurs sur fond bleu, par Jean Laudin. Elle représente l'adoration des Rois Mages, et provient de la collection de M. l'abbé Dufouleur. Haut. 11 cent., larg. 13 cent.

93 — Plaque ovale ; peinture en émaux de couleurs, représentant l'Annonciation. Bordure en bois noir et filets dorés.

94 — Médaillon ovale; peinture en émaux de couleurs sur fond noir. Elle représente un chasseur offrant une tête de sanglier à une jeune femme assise (Diane et Endymion ?) Ouvrage de Jean Laudin.

95 — Médaillon ovale, peint en émaux de couleurs sur fond noir, par Jean Laudin. Il offre les figures de Diane et Endymion partant pour la chasse. Bordure en bois sculpté et doré.

96 — Petite plaque carrée. Peinture en émaux de couleurs sur fond noir par J. Laudin. Elle représente une sainte Madeleine en prières (*Ste Egiptiaca*).

97 — Plaque carrée. Peinture en émaux de couleurs sur fond noir. Elle représente saint Jean-Baptiste portant l'agneau pascal. Bordure en bois sculpté.

98 — Plaque carrée. Peinture en émaux de couleurs sur fond noir, par Jean Laudin, représentant le martyre de sainte Thérèse.

99 — Plaque carrée émaillée en couleurs. Sainte Madeleine en prières.

100 — Plaque carrée. Peinture en grisaille sur fond noir par H. Poncet. Elle représente l'enfant Jésus assis sur les genoux de la Vierge et tendant ses bras vers trois anges qui soutiennent une croix. L'émail translucide du revers laisse apercevoir le poinçon de l'artiste.

101 — Plaque carrée. Peinture en émaux de couleurs et sur paillon, représentant la Crèche. Cadre en bois doré.

102 — Plaque ronde. Peinture en grisaille teintée sur fond noir. Elle représente un personnage debout portant un tonneau. Elle porte l'inscription *Nihil. non. agere.* Bordure en bois noir et filets dorés.

103 — Plaque ronde. Peinture en grisaille teintée sur fond noir. Elle représente un arbre qu'un arbrisseau chargé de fruits enlace. Elle porte l'inscription suivante : *Nec. glorier. breri. peritura.* Bordure en bois noir et filets dorés.

104 — Plaque ovale présentant en relief le buste de Cléopâtre vu de profil et émaillé en grisaille légèrement teintée sur fond noir. Bordure en bois noir et filets dorés. Haut. 18 cent., larg. 16 cent.

105 — Quatre plaques de forme ronde. Peintures en émaux de couleurs et à paillons, par Léonard Limousin. Elles repré-

sentent les quatre Évangélistes. Bordures en bois noir et filets dorés. Diam. 19 cent. Collection La Sayette.

106 — Deux plaques ovales en hauteur. Peinture en grisaille sur fond noir, représentant la Vierge, l'enfant Jésus et saint Jean. Bordures en bois noir et filets dorés.

107 — Plaque provenant d'un baiser de paix. Peinture en émaux de couleurs sur fond noir par Jean Laudin. Elle représente sainte Valérie agenouillée et portant sa tête dans ses mains.

108 — Deux petites plaques carrées. Peintures en grisaille teintée sur fond noir. Saint Pierre et saint Paul.

109 — Deux plaques provenant d'une bourse; peintures en émaux de couleurs sur fond noir. Elles représentent un buste de jeune homme et un buste de jeune femme en costumes du temps de Louis XIV. Ouvrage de Jean Laudin.

110 — Plaque carrée. Peinture en émaux de couleurs sur fond noir avec angles à reliefs. Elle représente sainte Catherine.

111 — Deux plaques carrées. Peintures en émaux de couleurs sur fond noir, avec angles à reliefs par J. Laudin. Bustes du Christ et de la Vierge. Bordures en bois sculpté et doré.

112 — Petite plaque carrée. Peinture en émaux de couleurs et à paillons. Buste de saint Bernard.

113 — Petit médaillon ovale émaillé en couleurs et représentant le buste de saint Roch. Bordure en bois sculpté et doré. 31

114 — Rape à tabac émaillée en couleurs et offrant le buste d'une princesse royale, ainsi que des oiseaux et des fleurs. 50

115 — Plaque carrée. Peinture en émaux de couleurs sur fond noir et angles à reliefs par Pierre Nouailher. Elle représente le Christ au roseau (*Ecce homo*). Bordure en bois noir et filets dorés.

116 — Plaque de forme carrée en hauteur. Peinture en émaux de couleurs sur fond noir, avec bords à reliefs, par P. Nouailher. Elle représente l'enfant Jésus debout, entouré de têtes de chérubins. Bordure en bois noir à filets dorés.

117 — Plaque ovale. Peinture en émaux de couleurs sur fond noir avec bordure à relief, par P. Nouailher. Elle représente l'adoration des Rois Mages. Bordure en bois noir et filets dorés. Haut. 21 cent., larg. 17 cent.

118 — Plaque ovale présentant la figure de la Vierge tenant son fils debout sur ses genoux, exécutée en relief et émaillée en couleur sur fond noir.

119 — Deux plaques carrées peintes en couleurs sur fond noir. Elles offrent les sujets du Christ à la colonne et de la mise au tombeau. Emaux de la première moitié du XVIe siècle.

120 — Plaque carrée. Peinture en émaux de couleurs sur fond noir étoilé d'or, par Jean Laudin. Elle représente sainte Catherine vue à mi-corps.

121 — Petite plaque carrée offrant le buste de la Vierge peint en grisaille sur fond noir. Les angles sont ornés de reliefs.

122 — Petite plaque carrée, offrant le buste de la Vierge peint en émaux de couleurs sur fond noir et portant le monogramme de Jean Laudin.

123 — Petite plaque carrée. Peinture en émaux de couleurs. Saint Mathieu.

124 — Deux petits médaillons ronds peints en couleurs et représentant deux bustes de guerriers. Ils portent les noms de Tiberius et de Josué. Bordure en bois noir.

125 — Petite paix en cuivre doré garnie d'une peinture sur émail en grisaille teintée sur fond noir représentant l'Annonciation.

126 — Autre paix garnie d'une plaque représentant aussi l'Annonciation peinte en grisaille.

127 — Grande plaque ronde. Peinture en grisaille teintée sur fond noir, représentant une tête d'homme barbue : *Plus n'y accorde*. Travail moderne.

Wetterhan

128 — Deux grandes plaques rondes représentant les bustes de Raphaël et de Léonard de Vinci, peints en grisaille

teintée sur fond noir. Travail moderne. Bordures en bois noir et filets dorés.

129 — Plaque en forme de losange, présentant le buste de Domitien, peint en couleurs sur fond noir. Travail moderne.

130 — Deux plaques ovales. Peintures en émaux de couleurs représentant des sujets symboliques. Travail moderne. Bordures en bois noir et filets dorés.

131 — Deux flambeaux, modèle Louis XIII, décorés de bustes de grotesques, de blasons émaillés en couleurs sur fond noir et d'ornements en relief émaillés blancs. Travail moderne.

132 — Deux médaillons de forme octogone, avec bossette saillante, décorés en émaux de couleurs sur fond bleu L'un d'eux représente Hercule et l'autre Cacus. Travail moderne. Bordure en bois noir et filets dorés.

133 — Médaillon ovale. Peinture en émaux de couleurs sur fond bleu représentant un souverain. Travail moderne. Cadre en bois doré.

134 — Médaillon rond. Peinture en grisaille sur fond noir représentant Diane de Poitiers. Sur le fond se trouvent tracés en or les vers de Marot. Travail moderne.

135 — Plaque de forme carré-long. Peinture en grisaille teintée sur fond noir. Elle représente cinq enfants tirant de l'arc sur un pigeon fixé au bout d'une perche. Travail moderne.

136 — Plaque ovale, émaillée en couleurs. Saint Marc. Travail moderne.

137 — Plaque carrée émaillée en grisaille. Portrait de Henri de Bourbon? depuis Henri IV, avec bordure en émail à ornements blancs en relief. Travail moderne.

138 — Petite plaque carrée. Nymphe et Satyre. Travail moderne.

Faïences italiennes et autres

139 — Fabrique de Gubbio. — Charmant petit plat creux à large bord, décoré de trophées et d'attributs en couleurs et à reflets métalliques très-vifs sur fond bleu, portant la date de 1518. Le fond du plat présente le buste du petit saint Jean avec bordure d'arabesques en jaune cuivré sur fond blanc. Bordure en bois noir à filets dorés.

140 — Fabrique d'Urbino. — Plat rond, décoré en couleurs, et présentant diverses scènes de la vie de Jupiter. Au revers se trouve l'indication du sujet. Large bordure en bois sculpté et doré.

141 — Fabrique d'Urbino. — Plat rond décoré en couleurs et présentant un sujet mythologique.

142 — Fabrique de Faenza. — Plateau rond reposant sur un piédouche. Il est décoré en couleurs et représente au cen-

tre Vénus et l'Amour sur fond bleu, avec entourage de figures, de cariatides et de grotesques sur fond blanc.

143 — Fabrique de Castelli. — Jolie petite assiette décorée en couleurs avec rehauts d'or. Elle représente le triomphe d'Amphitrite; avec bordure formée de larges rinceaux sur fond blanc. Cadre en bois noir et filets dorés.

144 — Fabrique de Castelli. — Assiette analogue à celle qui précède. Elle présente, à son centre, une femme allaitant son enfant, assise dans un paysage enrichi d'animaux divers. Cadre pareil.

145 — Fabrique de Castelli. — Autre assiette de même style. Elle représente une Nymphe, un Satyre et des Amours dans un paysage. Cadre en bois noir et filets dorés.

146 — Fabrique de Castelli. — Autre jolie assiette décorée en couleurs avec rehauts d'or. Elle présente, à son centre, un paysage avec figures et son bord est orné de rinceaux et d'une tête de Satyre. Cadre en bois noir et filets dorés.

147 — Fabrique de Castelli. — Plaque ovale en hauteur, représentant les noces de Cana. Bordure en bois sculpté.

148 — Fabrique de Bernard Palissy. — Petit plat ovale en hauteur, représentant le baptême de saint Jean.

149 — Fabrique de Bernard Palissy. Petit plat rond à bordure festonnée et ornée de fleurons. Il présente à son centre une bacchanale d'enfants. Son revers est jaspé.

150 — Fabrique de Bernard Palissy. — Plat rond festonné présentant à son centre le sujet de Diane et Actéon.

151 — Fabrique de Nevers. — Petite aiguière à anse formée de deux serpents enroulés, et décorée d'ornements en camaïeu bleu.

Sculptures en ivoire

152 — Bas-relief. — Petit volet de diptyque, représentant l'adoration des Rois Mages. Le sujet est placé sous des arceaux de style gothique. Travail du XIVe siècle. Bordure en bois noir à moulures.

153 — Bas relief. — Autre volet de diptyque représentant la Vierge placée entre deux saints personnages.

154 — Bas-relief sans fond. — Sujet saint composé de dix personnages. Travail du XIVe siècle.

155 — Bas-relief sans fond. — La sainte Vierge tenant l'enfant Jésus est placée entre deux saints personnages. Même époque.

156 — Ronde bosse. — La sainte Vierge assise tient son divin fils assis sur ses genoux. Ce petit groupe, de style gothique, repose sur un socle en cristal de roche.

157 — Grand bas-relief de forme carrée représentant une

Piéta. Le Christ mort est accroupi sur les genoux de sa mère éplorée. Cette belle sculpture est placée dans une bordure en bois noir de forme monumentale surmontée de la figure de Dieu le père, vu à mi-corps, en ivoire. Travail du XVIIe siècle.

158 — Ronde bosse. — Petite statuette d'Antinoüs debout.

159 — Ronde bosse. — Le Christ à la colonne. Sculpture remarquable par la finesse de son exécution et l'expression de la figure. Les pieds manquent.

160 — Haut-relief de forme carrée. — Sainte Madeleine en prière. Travail du XVIIe siècle. Bordure à moulures en bois.

161 — Bas-relief. — Petit volet de diptyque présentant le Christ en croix entre deux saints personnages. Bordure en bois noir.

162 — Bas-relief représentant la sainte face de Jésus-Christ. Travail très-fin. Il est placé dans une bordure en bois sculpté à fleurs et ornements, remarquable par la finesse de son exécution. Il provient de la vente Hope.

163 — Cornet de chasse en ivoire sculpté; il représente des sujets de chasse au cerf, au sanglier, etc., XVIIe siècle. Il provient de la collection de M. Hope.

164 — Ronde bosse. — Statuette de saint Sébastien martyre. Travail du XVIIe siècle. Socle en bois sculpté et doré.

165 — Ronde bosse. — Figurine d'enfant, nu, couché et endormi. Sculpture dans le style de François Flamand. Collection Debruge.

166 — Ronde bosse. — Petits bustes de Voltaire et de Rousseau.

167 — Jolie rape du temps de Louis XIV offrant en bas-relief l'enlèvement de Proserpine ainsi que des ornements, des corbeilles de fleurs et une cariatide ailée.

168 — Deux groupes de mendiants; l'un d'eux est composé de deux personnages et l'autre de trois. Socle en bois noir.

169 — Figurine de sainte femme debout. Travail du XVIIe siècle.

170 — Bas-relief de forme carré-long, en hauteur, représentant Amphitrite et l'Amour. Au bas se trouve un chien couché et en haut une tête de chérubin. Travail du XVIIe siècle. Le bas-relief est appliqué sur un fond d'ardoise dont les bords sont sculptés à tors de lauriers.

171 — Haut-relief de forme carrée; il représente Vénus, Adonis et des Amours. Travail très-fin du temps de Louis XIV. Bordure en bois sculpté et doré.

172 — Haut-relief de forme carrée, représentant deux enfants; l'un d'eux est debout et porte une guirlande de fleurs; l'autre est couché sur une gerbe de blés. Travail du temps de Louis XVI. Bordure en bois sculpté.

173 — Statuette. La sainte Vierge debout tenant son divin fils dans ses bras. Socle en bois noir.

174 — Statuette. La sainte Vierge debout couronnée; elle tient une branche de lis de la main droite. Travail de style gothique.

175 — Statuette. David en costume de guerrier, tenant sous sa main la tête de Goliath. XVIe siècle.

176 — Manche de couteau représentant un guerrier debout. Il est monté sur un socle en bois noir à moulures d'ivoire.

177 — Statuette. Diafoirus debout armé de l'instrument qui lui est propre et porteur de larges lunettes. Sur fût de colonne en bois.

178 — Manche de couteau, offrant à sa partie supérieure un buste de Vénus sortant d'une touffe d'acanthe.

179 — Deux pièces : Cuiller dont le manche se termine par une cariatide de femme, et poinçon à tête de Satyre.

180 — Deux pièces : Chapiteau corinthien formant applique et médaillon ovale offrant le portrait d'un pape sculpté en bas-relief et placé dans une bordure en vermeil, et écaille incrustée d'or.

181 — Deux bas-reliefs : l'un d'eux sans fond représente une statuette de Vénus vue de dos, et l'autre deux enfants jouant.

182 — Trois médaillons ronds finement sculptés et découpés à jour. L'un d'eux représente une offrande à l'Amour, et les deux autres, l'Hiver et l'Été.

183 — Deux médaillons ovales représentant des bouquets de fleurs; l'un d'eux est découpé à jour.

184 — Deux médaillons ovales sculptés en bas-relief. Têtes de Méduse et de Satyre. Bordure en cuivre doré. Collection Debruge.

185 — Bas-relief ovale représentant Léda et le cygne.

186 — Bas-relief finement sculpté et repercé à jour, signé *Jopler*. Il représente un grand nombre de personnages paraissant implorer une statue de Mercure. Bordure en bois guilloché.

187 — Deux bas-reliefs ovales; l'un d'eux, en largeur, représente les trois Grâces, et l'autre, deux jeunes femmes nues faisant la toilette d'un enfant.

188 — Deux bas-reliefs carrés; l'un d'eux présente plusieurs scènes de la Passion, et l'autre un groupe de trois personnages.

Sculptures en bois

189 — Statuette de la Vierge portant l'enfant Jésus. Travail du XIVe siècle. Sur socle en bois noir et moulures d'ivoire.

190 — Statuette de la Vierge allaitant son divin fils; sur socle rond en bois noir à moulures. XVIe siecle.

191 — Médaillon rond présentant un bouquet de fleurs dans une bordure sculptée à ornements. Le tout pris dans le même morceau.

192 — Figure de femme nue, couchée et endormie, sur socle à moulures. Long. 40 cent.

193 — Bas-relief. Médaillon ovale présentant le buste de saint Paul, finement exécuté. Travail du XVIIe siècle. Bordure en bois noir et filets dorés.

194 — Médaillon ovale présentant un bouquet de fleurs en haut relief et repercé à jour. Il est placé dans une bordure carrée à moulures en bois noir.

195 — Bas-relief de forme carrée; groupe de cinq oiseaux se battant sur une branche de cerisier. Bordure à moulures en bois noir.

196 — Le Christ au roseau; sculpture en haut-relief placée dans une très-jolie bordure du temps de Louis XVI, sculptée à tors de lauriers, corne d'abondance et vase rehaussé de couleurs.

197 — Bas-relief de forme carré-long, avec place réservée pour porte-montre. Il est orné de lionnes couchées, de guirlandes de fleurs et d'un masque grimaçant. Il est signé Fortom, 1792.

198 — Couteau à papier, en vermeil, à manche formé d'un

groupe d'enfants sculpté ; et deux manches de couteaux en bois sculpté, représentant le sacrifice d'Abraham et un groupe de deux figures.

199 — Beau bas-relief de forme carrée sculpté sur buis. Il représente la sainte face de Jésus-Christ couronné d'épines. Il porte le monogramme I. L. G. et provient de la collection Debruge.

200 — Deux pièces : Bas-relief provenant d'un bénitier orné de rinceaux et d'un médaillon offrant un pélican nourissant sa couvée; et rape à tabac ornée de rinceaux. Epoque Louis XIV.

201 — Deux pièces : Petit cavalier finement sculpté en costume Louis XIV, et petite plaque de style gothique repercée à jour.

202 — Deux manches de couteaux à figures et petite poivrière sculptée à figures.

203 — Petit bas-relief carré, finement sculpté représentant Vénus, Vulcain et l'Amour, XVIe siècle. Cadre en bois sculpté et doré. Collection Debruge.

Terres cuites

204 — Charmante statuette, par CLODION (signée). Elle représente Léda et le Cygne. Socle en marbre bleu turquin du temps de Louis XVI. Haut. 40 cent.

205 — Autre statuette, par Clodion (signée). Vestale debout tenant un plateau sur lequel se trouve une couronne de fleurs. Haut. 44 cent.

206 — Jolie statuette, par Clodion (signée). Elle représente une jeune fille portant dans sa chemise des fruits et des fleurs. Haut. 39 cent.

207 — Deux jolis petits vases de forme Médicis, en terre cuite, par Clodion. Leurs panses sont ornées de bas-reliefs représentant le Triomphe de Vénus, des tritons, des naïades et des dauphins. Les culots sont formés de feuilles d'acanthe et les piédouches sont garnis de tors de lauriers. Haut. 22 cent.

208 — Joli bas-relief de forme carrée, par Clodion, représentant une bacchanale d'enfants. Larg. 28 cent., haut. 21 cent.

209 — Médaillon rond, par Clodion, représentant une femme satyre et son enfant. Sculpture en haut-relief. Bordure carrée en bois doré. Diam. 15 cent.

210 — Bas-relief par Marin. Il représente Bacchus accompagné d'une bacchante, de petits faunes et de satyres. Larg. 26 cent., haut. 18 cent.

211 — Deux bas-reliefs de forme carré-long, attribués à Clodion, et représentant des enfants jouant avec une chèvre et un chien. Larg. 32 cent., haut 18 cent.

212 — Figure de baigneuse accroupie dans une coquille. Elle

est signée Pouché et porte la date de 1786. Haut. 36 cent.

213 — Petit groupe, signé Clodion. Il représente Vénus désarmant l'Amour.

214 — Bas-relief de forme carrée, attribué à Clodion. Un enfant satyre présente une grappe de raisin à une femme satyre couchée. Larg. 32 cent., haut. 23 cent.

215 — Bas-relief de même forme, signé Clodion. Il représente un satyre faisant danser ses enfants au son du chalumeau. Larg. 30 cent., haut. 28 cent.

216 — Deux bas-reliefs de forme carré-long. L'un d'eux représente une offrande à Priape, composition de six personnages; et l'autre une bacchanale d'enfants. Cette dernière pièce a été bronzée.

217 — Grand médaillon rond présentant, en bas-relief, un buste de femme vu de profil. Cette terre cuite est signée Ramey.

218 — Médaillon rond présentant, en bas-relief, le buste de Climard, sculpteur lyonnais, par lui-même. Lyon, 1792.

219 — Deux petits bas-reliefs carrés représentant des femmes satyres et des enfants dans des paysages. L'un d'eux porte le monogramme R. P.

220 — Deux jolis bas-reliefs de forme carré-long, par Clodion; l'un d'eux représente une bacchante dans les bras d'un

satyre, et l'autre une jeune bacchante couchée entre les jambes d'un satyre. Bordure en bois noir.

221 — Haut-relief de forme carrée, représentant la marche de Silène. Cette terrre cuite a été couverte d'une couche de peinture.

222 — Figurine de femme nue, couchée sur une draperie. Terre cuite attribuée à Marin. Socle en bois noir.

223 — La mort d'Adonis. Terre cuite, signée Lecomte, 1780.

224 — Deux petits bustes, signés Delaville. Satyre et Bacchante.

225 — Groupe connu sous le nom de *Baiser d'Houdon*. Cette terre cuite nous paraît être une ébauche de ce maître Elle provient du cabinet de M. Duchesne, ancien conservateur à la Bibliothèque.

226 — Deux petits bustes de femmes, attribués à Marin. Sur fûts de colonnes en marbre bleu turquin.

227 — Deux petits bustes de femmes attribués au même artiste.

228 — Petit buste d'enfant attribué à Clodion.

229 — Deux petits bustes de femmes; l'une d'elles est couronnée de pampre, et l'autre est vue à mi-corps.

230 — Statuette dans la manière de Clodion. Elle représente

une jeune femme debout tenant dans ses bras un enfant qu'elle embrasse.

231 — Groupe en terre cuite signé Clodion. Il représente une femme satyre faisant danser deux petits satyres au son du chalumeau.

232 — Trois pièces : Vase de forme ovoïde, par Clodion, orné au pourtour d'une ronde d'enfants, et à deux anses formées de têtes chimériques, et deux cippes ornés de jeux d'enfants au pourtour.

233 — Figurine de Vénus montée sur un dauphin et placée dans une niche se terminant à sa partie inférieure par une coquille.

234 — Joli bas-relief attribué à Clodion. Il représente une jeune femme faisant danser un petit satyre sur le bout de son pied. Cadre en bois doré.

235 — Autre joli bas-relief attribué à Clodion représentant deux enfants et un petit satyre portant un vase. Cadre en bois doré.

236 — Cinq médaillons, de forme ronde, représentant les bustes de Boucher, Chardin, Ramaux, Van Loo et Lemoine. Les quatre premiers sont signés Chasset, 1765, et le dernier Pajou, 1787. Ils sont placés dans des bordures carrées en bois doré.

237 — Deux bas-reliefs; l'un d'eux, de forme carrée, représente une bacchante entourée d'enfants et de petits satyres;

l'autre, de forme ovale, présente deux personnages sur un fond d'architecture.

238 — Deux pièces : Groupe de deux enfants se battant, et enfant assis sur un tronc d'arbre et jouant de la guitare.

239 — Bas-relief de forme carrée. La sainte Vierge tenant son divin fils debout sur ses genoux. Bordure en bois doré surmontée d'une tête de chérubin en bronze.

239 (*bis*) — Haut-relief de forme ovale en largeur. Il représente une réunion de campagnards devant Voltaire.

Terres cuites par J. B. Nini

240 — Médaillon rond. Buste de Louis XV. *Ludovicus XV, Rex Christianissimus*, MDCCLXX.

241 — Médaillon rond, Buste de Marie Thérèse. M. T. D G. *Rom. Imp. Ger. Hung. et. Boh. Re. Ar. Aus.* MDCCLXIX.

242 — Buste de Louis XVI. *Ludovicus XVI. Rex. Christianissimus.* 1780.

243 — Buste de Marie-Antoinette. *Maria. Antonia. Aust. Gallorum. Regina.* 1774.

244 — Buste de *Suzanne Jarente de la Reynière*, 1769.

245 — *Buste de Hiacinthe de Rigaud, comte de Vaudreuil.* 1770.

246 — Buste de *Charles-Juste, prince de Beauvau.* 1770.

247 — Bustes *J. D. Leray-de-Chaumont. Intendant des Inval.*, et de *B. Franklin. Américain.*

248 — Joli médaillon rond. Buste de femme (Impératrice Catherine de Russie?) en très-riche costume.

Sculptures en Marbre et Autres

249 — Marbre blanc. Charmante statuette dans la manière de Clodion. Elle représente une jeune faunesse courant, en tenant un nid de chouettes. Haut. 32 cent.

250 — Marbre blanc. Buste de jeune faunesse, grandeur nature.

251 — Marbre blanc. Petit buste de Voltaire, et bas-relief ovale représentant le buste de Socrate.

252 — Marbre blanc. Deux médaillons ovales en hauteur très-finement sculptés en haut-relief offrant des bouquets de fleurs. Bordures dorées.

253 — Plâtre. Deux très-jolis bas-reliefs représentant chacun une nymphe endormie, surprise par un satyre. Ils sont encadrés dans de très-belles bordures en bois sculpté noir et or. Epoque Louis XVI. Larg. 77 cent., haut. 34 cent.

254 — Marbre blanc. Quatre médaillons ovales représentant les bustes des quatre Évangélistes sculptés en bas-relief

et vus de profil. Travail du XVIIe siècle. Bordures en bronze.

255 — Marbre blanc. Deux petits médaillons ronds sculptés en bas-relief; bustes d'homme et de femme vus de profil. Bordure en bois noir.

256 — Marbre tendre. Petits bustes en ronde bosse de M. et madame Préville, de la Comédie-Française. Socles en bois noir.

257 — Marbre tendre. Petit bas-relief de forme cintrée par le haut; il représente une discussion entre de saints personnages et des satyres. Travail du commencement du XVIIIe siècle.

Bronzes d'art

258 — Jolie figurine de Mercure, d'après Jean de Bologne. Bronze français muni d'une belle patine, sur fût de colonne en marbre blanc. Le caducée est en bronze finement ciselé et doré. Haut. totale 85 cent.

259 — Petite statuette d'enfant Jésus debout. Bronze muni d'une belle patine.

260 — Figurine debout en bronze. Méléagre. Travail italien. Sur socle en bois noir incrusté de filets de cuivre.

261 — Petite statuette d'Hercule debout; il tient la massue de

la main droite et porte la peau du lion sur le bras gauche. Bronze florentin du XVIe siècle. Sur socle en bois à moulures. Il provient de la collection Nitot.

262 — Petite statuette de Satyre courant et portant une corbeille de fruits sur ses épaules. Bronze italien du XVIe siècle. Collection Nitot.

263 — Jolie statuette de Mercure debout et casqué; il porte sur les épaules une espèce de cuirasse et tient une bourse de la main droite. Collection Nitot.

264 — Petite figurine de baigneuse debout. Bronze muni d'une bonne patine.

265 — Deux petits bustes en bronze représentant Henri IV et Marie de Médicis. Travail du temps de Louis XV. Sur socles en marbre blanc.

266 — Deux figurines de satyres assis en bronze. Travail moderne.

267 — Figurine de Jupiter debout en bronze doré. Travail italien du XVIe siècle.

268 — Petite tête de femme coiffée d'une toque surmontée d'une plume. Bronze français du temps de Louis XV. Sur fût de colonne en porphyre vert.

269 — Buste en bronze de Voltaire, grandeur nature, d'après Houdon. Il provient du cabinet de Casimir Perrier.

270 — Buste en bronze grandeur nature, représentant Joseph Vernet, peintre de Marine. Ce bronze a été exécuté d'après le marbre de Houdon qui se trouve au Musée du Louvre.

271 — Petit buste en bronze de Gluck, compositeur de musique. Travail de l'époque. Sur socle en marbre blanc cannelé avec base en granit rose d'Egypte.

272 — Petit buste en bronze de Mirabeau, sur piédouche en marbre blanc.

273 — Jolie statuette en bronze d'après Clodion. Jeune fille debout tenant deux colombes.

274 — Deux groupes en bronze d'après Clodion. Satyre et femme satyre jouant avec des enfants.

275 — Deux figures de femmes satyres couchées; bronzes d'après Clodion.

276 — Beau bas-relief en bronze, d'après François Flamand, représentant des enfants jouant avec un bouc. Cadre en bronze doré.

277 — Groupe en bronze d'après Clodion. Femme satyre jouant avec ses enfants. Socle en serpentin d'Egypte.

278 — Figurine en bronze d'après Falconnet. Jeune femme nue assise.

279 — Buste de l'empereur Napoléon Ier en bronze, d'après Chaudet, avec couronne de lauriers en bronze doré.

280 — Tête d'enfant, grandeur nature. Fonte très-légère, sur fût de colonne en granitelle avec tors de lauriers en bronze doré.

281 — Figurine en bronze. Vénus de Médicis.

282 — Deux groupes en bronze. Enfants et chiens, et enfants et chats.

283 — Figurine en bronze. Hercule Farnèse.

284 — Deux figurines en bronze : Appolon debout et lauré et statuette de baigneuse. Sur socles en bronze ciselé et doré au mat.

285 — Figurine en bronze. Gladiateur d'après l'antique; sur socle en marbre jaune de Sienne.

286 — Petit groupe de trois personnages, en bronze, marche de Sylène. Travail du temps de Louis XVI.

287 — Deux figurines de Satyres accroupis en bronze. L'une d'elles est dorée.

288 — Petite aiguière antique, en bronze. L'anse se termine par un mascaron.

289 — Statuette en bronze. Vénus de Milo.

290 — Petit buste de la Vierge. Bronze du XVIIe siècle muni d'une belle patine.

291 — Petit buste d'empereur romain. Bronze du XVIe siècle sur fût de colonne en albâtre orientale.

292 — Petit buste en bronze de Jean Jacques Rousseau; sur piédouche en marbre bleu turquin.

293 — Deux petits groupes en bronze. Le baiser d'Houdon. Travail du temps de Louis XVI.

294 — Presse-papier, représentant un Amour nu, couché et endormi. Socle en marbre noir.

295 — Autre presse-papier, formé par une figurine d'enfant nu couché; sur socle en marbre portor.

296 — Deux petites statuettes en bronze. Vénus debout le pied appuyé sur un dauphin, et figurine de danseur.

297 — Deux autres petites statuettes en bronze. Figurines de femmes debout. Travail du XVIe siècle.

298 — Deux petites figurines en bronze. Enfant nu portant des fruits, et bacchante dansant.

299 — Deux petites lampes en forme de vases; les becs sont ornés de mascarons.

300 — Deux autres lampes. L'une en forme de tête de maure couronné de pampres, et l'autre ornée de bas-reliefs, de têtes de cygnes et de mascarons dans le style antique.

301 — Trois petits bronzes. Chèvres et bouc couchés.

302 — Petit groupe de deux enfants musiciens sur terrasse en bronze doré.

303 — Trois petits bustes en bronze : Alexandre le Grand, Henri IV et Napoléon Ier.

304 — Deux très-petits bustes en bronze : Henri IV et Sully.

305 — Petit cheval se cabrant, et taureau se dressant sur ses jambes de derrière.

306 — Deux jolis petits bustes représentant des philosophes grecs de l'antiquité. Bronzes italiens du XVIe siècle. Sur piédouches en bronze doré.

307 — Tortue et crabe en bronze. Cette dernière pièce est de travail italien et provient de la vente du cabinet de M. Roussel.

308 — Trois pièces : Héron avec serpent, petit socle carré d'après l'antique, et modèle de salamandre qui a dû servir pour l'ornementation d'un casque.

309 — Christ en bronze argenté, et petit bas-relief ovale en bronze doré représentant le triomphe des vertus théologales.

310 — Main en bronze formant presse-papier, manche de cachet formé par une figure de femme et un satyre et petit buste de femme.

311 — Trois pommes de canne formées de têtes d'animaux finement ciselées par Fratin.

312 — Tête de bélier, grandeur presque nature. Bronze finement ciselé du temps de Louis XVI et pouvant servir de modèle d'anse.

313 — Beau bas-relief de forme carré-long, en hauteur, représentant l'ange Gabriel tenant un enfant par la main et lui montrant le ciel.

314 — Joli bas-relief de forme carré-long, représentant un char monté par trois personnages et traîné par deux chevaux. Bronze italien du xvie siècle.

315 — Bas-relief de forme ronde, représentant l'arche de Noé, et bas-relief de forme carrée, représentant la sainte Famille en bronze doré. Travail français du xviie siècle.

316 — Deux bas-reliefs ovales en hauteur. Ils représentent une jeune femme nue accroupie sur une draperie et appuyée sur un coussin. Bronze muni d'une bonne patine.

317 — Bas-relief représentant des nymphes montées sur des centaures et placées à droite et à gauche d'un médaillon rond formé par deux cornes d'abondance. Bronze très-fin de travail italien de la fin du xve siècle.

318 — Deux médaillons ovales en hauteur. Bustes de Henri IV et de Louis XV. Bordures en bois doré.

319 — Deux médaillons ovales représentant les bustes des mêmes personnages. Ils sont placés dans de riches bordures en bronze doré avec guirlandes de lauriers et rubans. Epoque Louis XVI.

320 — Trois bas-reliefs : Médaillon ovale, tête de minerve, buste de Henri IV sans fond, et plaque carrée portant l'inscription : les Français à Waterloo, 1815.

321 — Bas-relief de forme carré-long en hauteur, orné de rinceaux et d'ornements finement ciselés. C'est cette frise qui a servi de modèle pour les bronzes qui forment l'encadrement de la grande porte d'entrée de la Madeleine. Elle provient de chez M. Hue, architecte.

322 — Manche de couteau formé par une figure d'Atlas supportant une sphère surmontée d'un aigle, et petit bas-relief du temps de Louis XVI, représentant des jeux d'enfants.

Médailles

323 — Quatre médailles antiques en argent.

324 — Vingt médailles antiques en bronze.

325 — Trois médailles en bronze du XVIe siècle : Maximilien d'Autriche, Anna Bolena et Come II.

326 — *Anna. Augus. Galliæ et Navarræ Regina.* Bronze doré par G. Dupré.

327 — La même; médaille en argent, par G. Dupré.

328 — *Julius Romanus.* Bronze. Varin.

329 — *Magdelene de Crequy. Mareschale de France.* Bronze. Varin. 1651.

330 — *Ludovicus XIII. Fr. et. Nav. Rex.* R. Vœu de Louis XIII. Argent.

331 — Buste de Louis XIV, par Bertinet. Au revers se trouve une plaque portant le chiffre couronné du roi. Monture en bronze doré.

332 — Médaille de Louis XIV en argent doré, et médaille de Louis XV en argent. Les deux médailles sont placées dans un étui en maroquin rouge aux armes de la maison d'Orléans.

333 — Pièce de vingt francs en or, portant sur une de ses faces une tête de Minerve, à l'exergue : L'Italie délivrée à Marengo. R. 20 francs, l'an 10, Liberté, Egalité, Eridania.

334 — Fort lot de monnaies et de médailles en argent, de divers pays et époques.

335 — Fort lot de médailles et de monnaies en bronze, de divers pays et époques.

336 — Quatre médailles ou médaillons en bronze : Louis XII, Henri IV, Sully et Napoléon Ier.

337 — Deux médaillons en bronze représentant les bustes de Jacquard et de Ary Scheffer. Ce dernier est placé dans une jolie bordure en bois sculpté du temps de Louis XVI.

Bronzes d'ameublement

338 — Deux très-jolies figures d'enfants ailés en bronze, munis d'une belle patine vert foncé, disposés pour supporter des candélabres. Elles reposent sur des socles en marbre blanc avec moulures en bronze ciselé et doré. Travail du temps de Louis XVI.

339 — Deux petits chenets du temps de Louis XIV, en bronze, à figurines d'enfants debout placés sur des socles à consoles ornés de mascarons.

340 — Bouquet provenant d'un candélabre, composé de trois branches de pavots en bronze finement ciselé et doré au mat. Epoque Louis XVI.

341 — Deux grands et beaux flambeaux en bronze à ornements de style rocaille. Epoque Louis XV.

342 — Jolie Pendule Louis XVI, modèle lyre, en bronze doré au mat et marbre blanc.

343 — Petite lanterne à main, de forme ronde, du temps de Louis XV, en bronze doré à ornements finement découpés à jour.

344 — Charmante petite lanterne à main, de forme carrée du temps de Louis XVI, en bronze ciselé et doré, à feuilles de lauriers, perles et ornements variés.

345 — Paire de petits flambeaux du temps de Louis XVI en bronze doré au mat; ils ont la forme d'un carquois placé sur un trépied enrichi de feuilles de lauriers.

346 — Paire de flambeaux, du temps de Louis XVI, en bronze doré, à feuilles d'eau et colonnes cannelées.

347 — Deux paires de flambleaux, analogues à ceux qui précèdent, mais plus petits.

348 — Paire de très-petits flambeaux, en bronze doré, en forme de colonnes cannelées.

349 — Deux flambeaux bas, modèle Rocaille à bronze doré.

350 — Paire de bras-appliques à une lumière du temps de Louis XIV, en bronze doré.

351 — Autre paire de bras-appliques, en bronze doré, à une lumière, du temps de Louis XVI.

352 — Deux porte-montres appliques, en forme de lyre, en bronze ciselé et doré au mat. Epoque Louis XVI.

353 — Trois modèles d'entrées de serrures, du temps de Louis XVI, en bronze ciselé, de la plus grande finesse d'exécution.

354 — Deux bras-appliques du temps de Louis XVI, à deux lumières, en bronze doré, ornés de guirlandes de lauriers.

355 — Deux autres bras à deux lumières, du temps de Louis XVI, en bronze doré.

356 — Lanterne d'antichambre, en bronze doré, du temps de Louis XV à ornements de style rocaille.

357 — Encrier en bronze, à double coquille et dragon.

Meubles

358 — Grand et très-beau meuble de forme surélevée et à deux portes-pleines, en marqueterie de bois satiné et violet, très-richement orné de bronzes ciselés et dorés. Epoque de la Régence. Larg. 1 m. 35 cent.

359 — Secrétaire du temps de Louis XVI à porte à abbattant, en marqueterie de bois à damier, garni de bronzes finement ciselés et dorés et à dessus de marbre avec galerie de bronze repercée à jour. Larg. 1 m. 08 cent.

360 — Commode du temps de Louis XVI, à deux grands et

trois petits tiroirs, en marqueterie de bois à fleurs garnie de bronze doré et à dessus de marbre blanc. Larg. 1 m. 25 cent.

361 — Grand bureau à X du temps de Louis XIV, en marqueterie de cuivre sur écaille rouge.

362 — Petit bureau à la Tronchin, du temps de Louis XVI, en bois d'acajou incrusté de filets de cuivre.

363 — Guéridon, orné d'une mosaïque composée de matières dures diverses formant rosace et montée sur un trépied formé d'enroulements en bronze doré en partie.

364 — Table formant console à quatre pieds formés par des colonnes en bois d'acajou et dessus de marbre.

365 — Deux jolis meubles, à hauteur d'appui à deux portes vitrées et tiroirs, en bois d'acajou, enrichis d'ornements et d'encadrements en bronze ciselé et doré au mat. Dessus en marbre bleu turquin. Style Louis XVI. Larg. 1 m. 45 cent.

366 — Petit meuble, à hauteur d'appui, à deux portes pleines et tiroirs, en marqueterie de bois de rose et garni de bronzes dorés. Epoque Louis XVI. Larg. 1 m. 52 cent.

367 — Petit bonheur du jour, du temps de Louis XVI, en marqueterie de bois à fleurs, trophées et vases garnis de bronzes dorés.

368 — Commode de forme cintrée à tiroirs et portes de côté

en marqueterie de bois de rose, garnie de bronzes et à dessus de marbre blanc.

369 — Deux jolies consoles en bois sculpté, du temps de Louis XIV, à ornements, guirlandes de fleurs et mufles de lion. Dessus en marbre portor.

370 — Petite table tricoteuse en marqueterie de bois à losanges sur fond gris. Style Louis XVI.

371 — Grand et beau régulateur de Lepaute, en marqueterie de bois de rose avec large lunette en bronze doré. Le cadran émaillé par Coteau, porte le nom de *Lepaute, de Belle-Fontaine, Horloger de Monsieur à Paris*, et marque le temps vrai, le temps moyen, les mois, le quantième, etc.

372 — Autre régulateur par *Bordier, horloger méchanicien*, avec caisse en bois d'acajou.

373 — Petit régulateur de cheminée par Janvier. La platine postérieure du mouvement porte l'inscription suivante : *Horloge construite avec le vieux rouage de serinette de madame Devaune*. La caisse en acajou est ornée sur ses faces latérales de deux sculptures en buis du XVIIe siècle ; l'une d'elles représente un saint Jérôme et l'autre une sainte Madeleine.

374 — Pendule anglaise, à cage en bois noir et filets de cuivre et à mouvement à sonnerie, et carillon, et marquant les phases de la lune.

375 — Petite commode d'enfant en marqueterie de bois à fleurs du temps de Louis XVI.

376 — Grand encrier de forme carrée en marqueterie de cuivre sur écaille rouge. Epoque Louis XIV.

377 — Boîte à ouvrage, de mêmes travail et époque.

378 — Très-joli petit cabinet, en bois d'ébène, enrichi de très-fines incrustations d'ivoire gravé à feuillages et ornements.

379 — Autre petit cabinet en marqueterie de bois des îles et d'ivoire, à rosaces; garni d'ornements en cuivre doré découpé à jour.

380 — Joli miroir de toilette, à bordure de forme contournée en bois très-finement sculpté à ornements dans le style de Boule. Epoque Louis XIV.

381 — Autre joli miroir analogue à celui qui précède et de même époque.

382 — Petit miroir de toilette, bordure en marqueterie des trois parties.

383 — Deux petites bordures à moulures en écaille et bronze doré.

384 — Belle glace bisautée de forme carrée, dans une large bordure en bois sculpté et doré, à feuilles d'eau et ornements. Epoque Louis XVI.

385 — Petite table à quatre pieds et entre jambes, en bois de palissandre incrusté de bois de citron. Le dessus présente le système planétaire exécuté en marqueterie de bois.

386 — Petite montre plate de forme carré-long, en bois d'ébène et encadrement de bronze doré.

387 — Ecran, du temps de Louis XVI, en bois sculpté et peint en blanc à ornements et garni en damas de soie vert.

388 — Console en bois sculpté et doré à pieds à consoles et ornements à coquilles. Epoque Louis XV.

389 — Autre console en bois sculpté et doré, analogue à celle qui précède et de même époque.

390 — Jolie console de suspension en bois sculpté et doré. Epoque Louis XV.

391 — Autre console en bois sculpté et doré, modèle rocaille.

392 — Console de suspension en bois sculpté et doré, modèle à volute. Epoque Louis XVI.

393 — Grand coffre de forme carré-long, en bois d'acajou avec garnitures en cuivre.

394 — Quantité de bordures en bois sculpté et doré, des époques Louis XIV, Louis XV et Louis XVI. Elles seront vendues séparément ou par lots.

395 — Petit cartel porte-montre en marqueterie de Boule, cuivre sur écaille noire du temps de Louis XIV, et petit socle de forme carrée en bois sculpté et doré à consoles et têtes de béliers.

Fusils de chasse

396 — Quatre beaux fusils de chasse :

A. Fusil à deux coups de F. Claudin.
B. — de Charles Jones.
C. — de Lefaucheux.
D. Fusil avec canon de rechange de Lepage Moutier.

Porcelaines de Sèvres et autres

397 — Jolie tasse, modèle cul-de-poule, en ancienne porcelaine de Sèvres, pâte tendre, fond gros bleu à médaillon d'Amour peint en grisaille et guirlandes de lauriers en couleur.

398 — Tasse modèle trembleuse à couvercle, en vieux Sèvres, pâte tendre, décorée de guirlandes de fleurs et de bordures à rubans rouges.

399 — Tasse, modèle cul-de-poule, en vieux Sèvres, pâte tendre, fond gros bleu à médaillons de fleurs.

400 — Petite tasse, de forme droite, en ancien Sèvres, pâte tendre, fond vert pomme à médaillon de paysage, et attributs et rehauts d'or.

401 — Joli sucrier, en vieux Sèvres, pâte tendre, à médail-

lons, bustes de personnages peints en grisaille sur fond brun et guirlandes de chêne en or sur fond blanc.

402 — Pot à eau et sa cuvette en ancien Sèvres, pâte tendre, fond blanc et décor de fleurs. Le couvercle est monté en vermeil.

403 — Tasse, forme droite, en ancien Sèvres, pâte tendre, décorée d'oiseaux dans des paysages, et à bordures fond brun clair à ornements.

404 — Petite tasse, forme droite, en ancien Sèvres, pâte tendre, à rosaces et ornements en or sur fond bleu turquoise et entre-deux décoré de rinceaux et ornements en couleurs sur fond blanc.

405 — Tasse de même forme, en ancien Sèvres, pâte tendre, décorée de bouquets de roses sur un fond pointillé d'or avec entre-deux fond bleu et décor d'or.

406 — Tasse de même forme, à bandes alternées œils de perdrix sur fond rose et enroulements à décor d'or sur fond gros bleu.

407 — Jolie écuelle avec couvercle et plateau, en vieux Sèvres, pâte tendre, décorée de médaillons, de guirlandes de fleurs sur fond pointillé rouge et bleu.

408 — Petite écuelle, en vieux Sèvres, pâte tendre, décorée de guirlandes de fleurs et à bordures dentelées gros bleu à pois d'or.

409 — Autre écuelle, en vieux Sèvres, pâte tendre, décorée de pois d'or et de myosotis en couleur.

410 — Petite tasse, forme droite, en vieux Sèvres, pâte tendre, fond gros bleu à feuillages d'or et médaillons de fleurs en couleur.

411 — Autre petite tasse de même forme et porcelaine, fond vert à décor d'or. Sur la tasse se trouve la lettre M couronnée, et au fond de la soucoupe est un rébus qui se lit ainsi : *Elle a raison d'aimer à plaire.*

412 — Tasse modèle cul-de-poule sans anse, en vieux Sèvres, pâte tendre, fond bleu d'empois à décor d'or et fleurs en couleur sur fond blanc.

413 — Deux jolis seaux, petit modèle, en vieux Sèvres, pâte tendre, décorés de paysages en camaïeu rouge et à anses formées de branchages. Epoque Louis XV.

414 — Plateau de forme ronde à anses à enroulements, en vieux Sèvres, pâte tendre, décoré de myosotis en or et couleur et de bandes à œils de perdrix sur fond rose, et petite tasse, modèle cul-de-poule, décorée de myosotis en couleurs.

415 — Petit pot à crème, en vieux Sèvres, pâte tendre, décoré d'Amours en camaïeu rose.

416 — Tasse, forme droite, en porcelaine de Sèvres, pâte tendre, du temps de la République, à médaillons de pay-

sage en camaïeu rose et encre de chine sur fond bleu et décor d'or et Tasse en vieux Sèvres, pâte dure, à décor de paysage, guirlandes de fleurs et rehauts d'or.

417 — Grand pot à pommade, sans couvercle, en ancienne porcelaine, pâte tendre, décoré de figurines d'Amours et de guirlandes de fleurs. Cette pièce nous paraît être un des premiers essais de la manufacture de Saint-Cloud.

418 — Grande écuelle et son plateau, en vieux Sèvres, pâte dure, fond vert et médaillon de fleurs.

419 — Deux petits seaux, en vieux Sèvres, pâte dure, décorés de bouquets de fleurs.

420 — Trois pièces en pâte tendre : Tasse sans anse décorée de fleurs en camaïeu rose, soucoupe décorée d'oiseaux en camaïeu rose, et salière à dentelle d'or.

421 — Tasse en porcelaine tendre, modèle cul-de-poule, fond bleu de roi décorée de médaillons d'oiseaux.

422 — Tasse, forme droite, en porcelaine tendre fond bleu de roi et médaillons d'Amours et trophées.

423 — Tasse, modèle cul-de-poule, en porcelaine tendre, fond bleu turquoise à médaillon d'Amour et bouquets de fleurs.

424 — Quatre pièces diverses : Tasse trembleuse, pot à crème

et tasse en porcelaine dure, et soucoupe en porcelaine tendre.

425 — Deux vases en porcelaines de Sèvres, pâte dure, forme Médicis, fond bleu d'ampois, décorés de médaillons imitant les camées, de guirlandes de fleurs et d'ornements divers.

426 — Deux vases, à peu près de même forme à anses formées de têtes de dauphins, en porcelaine à la reine, décorés de guirlandes de fleurs et de trophées en camaïeu violet et or.

427 — Tasse en porcelaine de Sèvres, pâte dure, fond jaune et décorée d'un buste de l'impératrice Marie-Louise peint en camaïeu noir.

428 — Vase de forme ovoïde, en porcelaine à la reine, à anses têtes de béliers, décoré de sujets pastoraux et de rehauts d'or.

429 — Piédestal de forme ovale, en porcelaine blanche, orné de figurines de femmes et de satyres en haut-relief et de guirlandes de fleurs.

430 — Trois écuelles et deux tasses, en porcelaine, qui seront vendues par lots.

431 — Groupe en biscuit de Sèvres, représentant Pygmalion et Galathée.

432 — Deux autres groupes en biscuit de Sèvres : Vénus et Amours. 251

433 — Deux figurines, baigneuses d'après Falconnet. L'une en biscuit de Sèvres, l'autre en terre de Lorraine.

434 — Dix petites figurines, bustes et groupes en biscuit de Sèvres qui seront vendus par lots.

435 — Trois figurines en porcelaine blanche de Saxe.

436 — Seaux en ancienne porcelaine de Vienne, décorés de trophées et de fleurs en couleurs.

437 — Deux plateaux, l'un d'eux de forme carrée à galerie découpée à jour en porcelaine d'Allemagne, l'autre en porcelaine de Saxe en forme de feuille. Ils sont tous deux décorés de fleurs.

438 — Deux jolies petites bouteilles, de forme aplatie, en ancienne porcelaine d'Allemagne, décorées de volatiles dans des paysages.

439 — Jolie tasse, en ancienne porcelaine de Saxe, décorée de figures d'Amours et d'écailles bleues au bord.

440 — Grande tasse en ancienne porcelaine de Saxe, de forme contournée, à anse formée de branchages en relief et décorée de fleurs.

441 — Tasse trembleuse, en ancienne porcelaine de Saxe, à galerie découpée à jour et décor de fleurs.

442 — Tasse en vieux Saxe, décorée de personnages dans

des paysages, et tasse à deux anses fond jaune, décorée de fleurs.

443 — Tasse, en ancienne porcelaine de Berlin, décorée d'une vue de ville.

444 — Deux manches de couteaux et cuiller à sucre en ancienne porcelaine de Saxe.

445 — Trois petits seaux, en ancienne porcelaine d'Allemagne, décorés de fleurs.

446 — Groupe, en porcelaine de Saxe, composé de trois figurines d'enfants, jardiniers et jardinières.

447 — Figurine de baigneuse, en porcelaine d'Allemagne, d'après Falconnet, et figurine de Mercure en porcelaine de Saxe.

448 — Trois animaux, en porcelaine de Saxe et d'Allemagne : deux chiens et un mouton.

449 — Théière, en ancienne porcelaine de Saxe, décorée de paysages en camaïeu rouge.

450 — Béquille de canne, en porcelaine de Saxe, présentant à une de ses extrémités une tête de femme voilée.

451 — Plateau pour écritoire en forme de bateau, en porcelaine de Sèvres, pâte tendre, décoré d'oiseaux et de fleurs en couleurs et en or sur fond gros bleu. Monture en bronze doré.

452 — Quatre médaillons, en biscuit de Sèvres, représentant les quatre saisons, figurées par des bustes d'enfants en bas-relief.

453 — Trois médaillons, en biscuit de Sèvres; buste du Dauphin, buste du Ier Consul et buste de femme.

454 — Deux jolis médaillons ovales, en biscuit de Sèvres, à figures blanches sur fond bleu. Ils sont montés dans des bordures en bronze très-finement ciselé et doré au mat à couronnes et guirlandes de fleurs.

455 — Deux jolis petits socles ronds, en biscuit de Wedgwood, à figures blanches, sur fond bleu, représentant des jeux d'enfants. Ils sont montés en bois.

456 — Grande et très-belle fontaine en Wedgwood, fond brun uni. Elle est en forme de vase ovoïde avec frise représentant des jeux d'enfants et enrichie d'ornements divers en relief. Elle est accompagnée de son bassin en forme de coquille.

457 — Buste de Minerve, en biscuit brun de Wedgwood, imitant le bronze.

458 — Vase de forme ovoïde, en biscuit brun de Huntly et Palmer, enrichi de médaillons d'après l'antique et de guirlandes en relief.

459 — Deux vases en terre noire de Sarreguemines. L'un d'eux

présente, sur chacune de ses faces, le buste de Napoléon Ier.

460 — Porte-plumes en Wedgwood à ornements blancs sur fond bleu; boîte à allumettes, de même porcelaine, et corbeille en terre brune.

461 — Dix très-belles assiettes en ancienne faïence française du temps de Louis XV, décorées de fleurs et à bordure à dentelle d'or.

462 — Deux grands vases, en porcelaine de forme ovoïde fond bleu foncé à médaillons de personnages et rehauts d'or.

Porcelaines de Chine et du Japon

463 — Petite potiche à couvercle, en ancienne porcelaine du Japon, décorée de fleurs et d'ornements en bleu rouge et or. Monture en bronze doré.

464 — Deux cornets, de même porcelaine et de décor analogue, montés en bronze doré.

465 — Petit vase forme balustre, en ancienne porcelaine de Chine craquelée, à bande d'ornements réservés en brun. Il est monté sur piédouche et garni d'anses en bronze ciselé et doré. Epoque Louis XV.

466 — Deux vases, forme bouteille, en porcelaine blanche de la Chine, à larges craquelures.

467 — Vase, forme balustre, en porcelaine de Chine, fond rouge haricot. Sur socle en bois sculpté et doré.

468 — Petit vase, forme balustre, en porcelaine de Chine craquelée gris, avec monture en bronze doré.

469 — Joli vase, forme bouteille, en ancienne porcelaine de Chine, décoré de palmettes et d'ornements en rouge de fer et or. Monture en bronze doré.

470 — Petit vase, forme balustre en céladon fleuri, à décor d'oiseaux et de fleurs. Il est monté à anses, gorge et socle en bronze doré.

471 — Petit vase, en forme de balustre allongé, en ancienne porcelaine de Chine craquelée. Il est monté à gorge, anses, couvercle et socle en bronze doré.

472 — Vase de forme analogue, en porcelaine de Chine marbrée brun foncé, sur socle en bronze doré.

473 — Deux petits vases à goulots droits et à anses formées par des têtes chimériques et anneaux mouvants, en ancienne porcelaine de Chine, décorés de figures et de fleurs en bleu sur blanc.

474 — Deux petites jardinières de forme basse, en porcelaine de Chine craquelée, montées en bronze doré.

475 — Petit vase, forme balustre, à deux anses, en porcelaine de Chine, à décor de personnages. Monture en bronze doré.

476 — Cassolette, en ancienne porcelaine de Chine, décorée de fleurs et d'ornements en rouge brique et or. Elle est montée sur trépied orné de mascarons en bronze ciselé et doré. Epoque Louis XVI.

477 — Sucrier, en ancienne porcelaine du Japon, à décor de fleurs en bleu sur blanc, monté en bronze. Epoque Louis XVI.

478 — Petite corbeille ovale avec plateau, en ancienne porcelaine de l'Inde, à décor de fleurs et étoiles d'or sur fond bleu.

479 — Vase à couvercle en forme de personnage accroupi, en porcelaine de Chine émaillée bleu et gris.

480 — Cinq jolies tasses et un plateau, en ancienne porcelaine de Chine, à décors très-fins émaillés à blasons, fleurs, etc. Elles seront vendues séparément.

481 — Vase modèle balustre renversé, à goulot étroit, en porcelaine de Chine gros bleu uni; sur socle en bois sculpté.

Chinoiseries

482 — Joli bol et son plateau en émail de Chine, décoré d'oiseaux, de fleurs et d'ornements très-finement peints en couleur sur fond bleu, vert et rose alternés.

483 — Plateau de forme carrée à angles arrondis et rentrants en émail de Chine, décoré de fleurs en couleurs sur fond blanc et d'ornements sur fond rose.

484 — Six petites tasses sans anses avec soucoupes, en émail de Chine, décorées de personnages dans des paysages.

485 — Deux tasses avec soucoupes en émail de Chine, décorées d'ornements très-fins en bleu sur blanc.

486 — Figure de Confucius debout, portant un enfant et aux pieds duquel s'en trouvent deux autres. Le tout pris dans un même morceau de bambou.

487 — Figure en bambou finement sculpté, représentant un personnage assis sur un rocher.

488 — Deux chimères en bronze sur socles en bois sculpté.

489 — Cassolette en bronze en forme de courge, dont les branchages lui servent de pieds. Le socle et le couvercle

sont, de même, formés de branchages et de fruits. Travail japonais.

490 — Figurine de personnage assis dont les vêtements sont finement gravés. Bronze japonais.

491 — Joli petit vase de forme cylindrique, à deux anses, en bronze, à ornements finement gravés. Travail japonais.

— Cassolette en bronze incrusté de filets d'argent, reposant sur trois pieds droits et à couvercle en bois sculpté repercé à jour.

493 — Trois pièces en bronze : petit chauffe-mains et deux petits vases à larges ouvertures. Ces deux dernières pièces ont été fabriquées sous la dynastie des Mings, dans la période Siouen-te (1426 à 1436 de l'ère chrétienne).

494 — Chimère en terre brune, à l'imitation du bronze, et théière en grès fin émaillé, décorée de fleurs en couleur sur fond bleu.

495 — Deux tableaux, présentant des personnages dans des paysages, exécutés en pierre de lard sculptée en relief et peinte. Bordures en bois noir à moulures.

496 — Ecran en pierre schisteuse, à plusieurs couches, représentant un paysage boisé avec figures. Il est monté sur pied en bois sculpté découpé à jour.

497 — Tableau en pierre schisteuse, à plusieurs couches, re-

présentant un paysage boisé traversé par un cours d'eau. Bordure en bois doré.

498 — Trois porte-allumettes; l'un d'eux en bambou sculpté à figures et les deux autres en pierre de lard gravée à fleurs.

499 — Boîte de forme carré-long, en laque fond rouge à décor d'or.

500 — Deux plateaux en laque rouge du Japon, décorés d'oiseaux et d'arbustes en or.

501 — Petite boîte de forme carrée et plateau en laque noire à décor d'or, représentant des branchages et un paysage.

502 — Deux pièces : boussole japonaise en laque rouge et petit plateau rond en laque rouge de Pékin, à figures et paysage sculptés en relief.

503 — Deux socles ronds en bois de fer sculpté et découpé à jour et vase en terre de Boccaro à fleurs en relief.

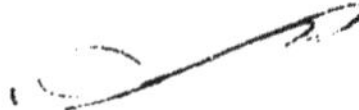

Verrerie et Vitraux

504 — Vidrecome allemand, portant le blason de l'empire, émaillé, ainsi que le Christ en croix. Il date de 1578.

505 — Verre de Venise à large ouverture, portant un buste de femme, un blason des inscriptions et des ornements émaillés en couleurs. XVIe siècle.

506 — Verre à couvercle finement gravé, à figures et ornements.

507 — Deux verres, l'un d'eux de forme élevée et à couvercle gravé à fleurs, l'autre très-finement gravé à blason et ornements.

508 — Trois pièces : petit verre décoré en noir, représentant la vision de saint Hubert; hanap en verre incolore et verre à boire en forme de botte en verre jaune.

509 — Vase de forme cylindrique en verre gravé à fleurs, monté sur piédouche et à couvercle en bronze doré, et orné de figurines en ronde bosse.

510 — Deux vitraux carrés peints en grisaille et rehaussés de jaune; l'un d'eux représente le jugement dernier, et l'autre la distribution des pains. XIIIe siècle.

511 — Deux autres jolis vitraux de forme carrée; l'un d'eux présente un saint personnage ainsi que la figure de la mort; l'autre deux anges portant le saint-ciboire. Ils portent les dates de 1488 et de 1520.

512 — Deux vitraux carrés à blasons, figures et ornements. L'un d'eux porte la devise : *Mon espoir est en Dieu*, et l'autre la date de 1599.

513 — Deux autres vitraux carrés, à figures de femmes et de guerriers. L'un d'eux porte la date de 1603 et l'autre 1619.

514 — Deux autres vitraux carrés, à figures dans des paysages et blasons. L'un d'eux présente le sujet de Betsabée au bain.

515 — Deux petits vitraux carrés à blasons et datés de 1588 et 1624.

516 — Deux vitraux de forme carré-long; l'un d'eux représente la Création et l'autre Caïn assassinant son frère. Date de 1694.

517 — Deux vitraux carrés, à blasons et figures de chevaliers. L'un d'eux porte la date de 1547 et l'autre la date de 1562.

518 — Deux vitraux carrés à blasons; l'un d'eux porte la date de 1614.

519 — Onze petits vitraux à blasons, dont huit de forme ronde et trois ovales. Ce lot sera divisé.

520 — Deux petits vitraux carrés, dont l'un représente Adam et Eve tentés par le serpent.

521 — Vitrail de forme carré long, à sujet finement peint en grisaille représentant un sujet allégorique. Collection Debruge.

522 — Quatre petits vitraux représentant divers sujets peints en grisaille et en couleurs.

523 — Deux grands vitraux carrés à figures et blasons. Travail moderne.

524 — Quatre vitraux modernes, représentant divers sujets peints en grisaille et en couleurs. Ils seront vendus par deux.

Orfévrerie

525 — Grand et beau plat ovale en argent repoussé du temps de Louis XIV. Le fond représente Damoclès l'épée suspendue au-dessus de sa tête, et le bord est enrichi de rinceaux à feuillages et de guirlandes de fruits. Il provient de la vente Nitôt. 465

525 *bis* — Grand plat ovale, en cuivre rouge repoussé, à médaillons de tritons et naïades. Au centre, se trouve un ombilic saillant en jaspe rouge et vert. Epoque Louis XIV. 405

526 — Petit plat ovale en argent repoussé. Il présente au centre une bergère et son troupeau et il est orné au bord de fruits en relief. Travail allemand du temps de Louis XV. 146

527 — Très-belle couverture de Livre d'Heures, en argent repoussé. Elle se compose des deux côtés et du dos. Ces trois pièces réunies dans un même cadre représentent des sujets de la vie du Christ, ainsi que des figures d'anges et des ornements. Travail très-remarquable. 245

528 — Jolie plaque ovale, en argent repoussé, représentant une nymphe dans un paysage surprise par un satyre. Travail du commencement du XVIIe siècle.

529 — Plaque carrée, en argent repoussé, représentant la flagellation du Christ. Travail allemand du XVIe siècle.

530 — Autre plaque, de mêmes travail et époque, en argent repoussé. Elle représente la Circoncision.

531 — Plaque en argent repoussé, représentant le Christ couronné d'épines.

532 — Deux plaques en argent repoussé : sur l'une se trouve la Vierge portant son divin fils, et sur l'autre saint Joseph et l'enfant Jésus.

533 — Deux plaques en argent repoussé. L'une d'elles, de forme ovale, représente un saint personnage en adoration et est placée dans une bordure en cuivre repoussé. L'autre, de forme cintrée, présente la Vierge tenant son divin fils sur ses genoux.

534 — Buste de saint personnage en argent repoussé.

535 — Deux plaques : l'une, de forme ovale en argent repoussé, présente la figure du Christ au roseau ; l'autre, en argent gravé, représente la cène avec une bordure composée d'ornements et de guirlandes de fleurs.

536 — Grande médaille ronde en argent, présentant sur une

de ses faces la sainte Trinité, et sur l'autre une longue inscription latine.

537 — Deux plaques rondes, en argent repoussé, présentant des sujets maritimes et allégoriques.

538 — Deux plaques ovales en argent repoussé ; l'une d'elles présente un combat de cavaliers, et l'autre, la barque à Caron.

539 — Trois plaques représentant des scènes de buveurs d'après Téniers. Deux d'entre elles sont en argent, et l'autre en cuivre ciselé et doré.

540 — Trois pièces en argent : Une médaille et deux médaillons dont l'un à double face présente une tête de Christ, et le Christ portant sa croix.

541 — Flambeau de voyage, en argent repoussé, à canaux creux en spirale. Epoque Louis XV. Dans un étui en peau de chagrin du temps.

542 — Encrier de poche en argent et deux petites bordures en argent repoussé.

543 — Grand et très-beau vase en cuivre rouge repoussé à ornements et mascarons. Les deux anses et le dauphin qui forme le bouton du couvercle sont en bronze. Travail du temps de Louis XIV.

544 — Deux jolies plaques en cuivre repoussé et doré; l'une

représente la Crèche, et l'autre l'adoration des rois Mages. Beau travail du commencement du XVIIe siècle.

545 — Deux plaques en cuivre repoussé : l'une d'elles, de forme cintrée, représente le mariage mystique; l'autre, offrant le couronnement de la Vierge, est placée dans un cadre de style rocaille en cuivre repoussé.

546 — Deux autres plaques en cuivre repoussé; l'une d'elles représente le sacrifice d'Abraham et l'autre la cène.

547 — Deux pièces en cuivre repoussé; petit plat ovale à bustes et ornements, et plaque carrée offrant un sujet tiré de la Genèse.

548 — Trois pièces : Figure de saint personnage en cuivre repoussé et doré et deux petits médaillons ovales représentant le Christ à la colonne, et le Christ portant sa croix.

549 — Trois pièces : plaque ovale en cuivre repoussé et doré représentant deux figures nues dans un paysage; plaque carrée à fleurs et attributs, et petite plaque contournée offrant les figures d'Agar et Ismaël.

550 — Trois pièces : bénitier en cuivre argenté, plaque ronde représentant Esther devant Assuérus et petite cafetière en cuivre repoussé.

551 — Joli bas-relief, de forme carré-long en hauteur. Il représente le martyre de saint Sébastien.

Objets en fer et en étain

552 — Joli bas-relief, en fer repoussé de forme carré-long, représentant une chasse au cerf. Travail du XVIe siècle.

553 — Joli clef en fer, dont la tête est composée d'ornements ciselés et repercés à jour.

554 — Autre clef en fer dont la tête est composée d'un chiffre enlacé et découpé à jour.

555 — Autre clef en fer à ornements ciselés et découpés à jour et surmontée d'une couronne.

556 — Petit cachet de bureau à manche en fer damasquiné d'argent. XVIe siècle.

557 — Médaillon rond, en étain, représentant Apollon et les Muses. XVIe siècle. Bordure en bois noir.

558 — Autre médaillon en étain. Il représente un sujet mythologique. Même époque.

559 — Autre plaque ronde, en étain, représentant un combat à la porte d'une ville assiégée. XVIe siècle.

72

Mosaïques et Matières précieuses

560 — Mosaïque de forme carrée, représentant un paysage avec personnages et ruines, exécutés en jaspes et marbres divers.

561 — Quatre mosaïques de Florence, représentant des oiseaux exécutés en jaspes de diverses nuances sur fond noir.

562 — Presse-papier, en marbre jaune antique, orné d'une mosaïque de Rome, représentant un canard et ses petits, et tableau représentant le Colisée de Rome.

563 — Petite mosaïque de Rome, de forme carré-long, représentant quatre colombes se désaltérant dans une coupe, et mosaïque de Rome à figures d'après l'antique, signée *Verdejo.*

564 — Plaque de forme ovale festonnée, en cristal de roche, provenant d'un reliquaire.

565 — Petite coupe ronde, en agate, montée à anses et pied en argent doré.

566 — Boîte de forme carrée à cuvette et petite cuiller en agate.

567 — Huit médaillons ovales, représentant des bustes d'empereurs romains, exécutés en verre imitant l'agate saphi-

rine, appliqués sur fond d'albâtre oriental et avec bordures en bronze doré.

568 — Petit vase de forme ovoïde, en serpentine noble, monté sur piédouche et à anses en bronze finement ciselé et doré au mat. Epoque Louis XVI.

569 — Deux vases forme Médicis en porphyre noir et blanc de Suède.

570 — Petit fût de colonne en lapis-lazuli sur base en bronze ciselé et doré.

571 — Petit fût de colonne en porphyre rouge oriental sur tors de lauriers en bronze doré.

572 — Deux pièces : modèle du sarcophage de Cornélius Scipion en marbre jaune antique formant encrier, et modèle de sarcophage en marbre rouge antique.

573 — Quantité de socles, fûts de colonnes, plaque, etc., en matières diverses, qui seront vendus par lots.

574 — Deux grandes salières en porphyre de Suède, et petit chien en serpentine formant presse-papier.

Objets divers

575 — Salière en grès gris de Flandres. Elle est formée par un lion assis qui supporte la coupe avec ses pattes de devant.

576 — Autre salière en grès gris de Flandres, en forme de coupe sur piédouche enrichie d'ornements en relief.

577 — Gourde en grès de Flandres, en forme de livre, à dessins émaillés bleu sur fond gris.

578 — Deux vases et une boîte en terre peinte de la Basilicate.

579 — Plaque en faïence de Delft, représentant une vue d'Amsterdam, en camaïeu bleu sur fond blanc.

580 — Les cinq ordres d'architecture, exécutés en bois très-finement travaillé.

581 — Deux seaux en vernis de Martin, à médaillons; jeux d'enfants en couleurs, sur fond gris.

582 — Poignard du temps de Louis XV, à poignée en fer ciselé à fleurs et rinceaux repercés à jour.

583 — Yatagan à lame et garniture en damas damasquiné en or, et poignée en morse. Travail oriental.

584 — Demi-sphère en cuivre damasquiné d'argent et repercé à jour, provenant d'un chauffe-main vénitien, et plaque byzantine en cuivre émaillé d'épargne, provenant d'une châsse.

585 — Petite horloge horizontale, de forme hexagone, en cuivre gravé et doré. Travail du XVIIe siècle.

586 — Longue-vue du temps de Louis XVI, sur un trépied en cuivre poli.

587 — Pantographe en cuivre poli, dans un étui en chagrin.

Tabatières et Bijoux

588 — Jolie bonbonnière de forme ronde, en cristal de roche taillé à cuvette, montée à gorge à charnière et galonnée en or de couleurs, à guirlandes de fleurs et ornements finement ciselés et découpés à jour. Epoque Louis XVI.

589 — Tabatière de forme carré-long, à angles coupés, montée à cage et doublée en or ciselé à guirlandes de fleurs, pilastres et ornements divers. Elle est enrichie de fixés représentant des sujets de chasse. Epoque Louis XVI.

590 — Petite boîte de forme carrée, en jaspe sanguin, montée à cage en or ciselé. Le couvercle présente un carquois, un arc et une flèche exécutés en jaspe de couleurs sur fond de jaspe sanguin.

591 — Joli portrait de François-Michel Letellier, marquis de Louvois, peint sur émail et sur or. Il est monté dans un cadre à réverbère en or, et placé sur une boîte de forme carré-long, en écaille doublée en or.

592 — Jolie bonbonnière ronde en écaille, à ornements in-

crustés en or, et à gorge et galons en or ciselé à chaînette. Epoque Louis XVI.

593 — Boîte ronde, en vernis de Martin, à sujets de personnages, d'après Téniers, et ornements d'or sur fond rouge.

594 — Très-beau portrait de mademoiselle Mars, finement peint en miniature sur ivoire, par Augustin. 1807. Il est placé dans le double fond d'une boîte ronde en écaille.

595 — Très-beau portrait de l'impératrice Joséphine, peint en miniature sur ivoire, par Saint. 1808. Il est placé sur une boîte ronde en écaille, galonnée d'or.

596 — Boîte ronde en écaille, galonnée en or. Le couvercle est orné d'un portrait de femme vue à mi-corps, peint en miniature sur ivoire, et le fond présente un paysage exécuté en cheveux. Epoque Louis XVI.

597 — Boîte ronde en écaille blonde incrustée d'étoiles d'or. Le couvercle est orné d'une miniature sur ivoire, représentant un portrait de femme dans la manière anglaise. Epoque Louis XVI.

598 — Boîte ronde en écaille, ornée d'une miniature sur ivoire, représentant un portrait de femme avec les attributs de Diane.

599 — Boîte ronde en écaille, ornée d'une miniature sur ivoire, représentant un portrait de femme en costume Louis XV.

600 — Boîte ronde en écaille, ornée d'une miniature sur ivoire, de forme octogone, peinte en grisaille, représentant une figure de femme et des amours. Elle porte la devise : *Rien 100 l'amour et l'amitié.*

601 — Boîte ronde en écaille, ornée d'une miniature en grisaille sur ivoire, représentant le triomphe de Vénus.

602 — Boîte de forme carré-long, en ivoire, doublée d'écaille, ornée d'un portrait d'homme du temps de Louis XIV, peint sur émail et sur or.

603 — Boîte ronde en vernis de Martin, fond vert. Le couvercle est orné d'une peinture sur émail, de forme ovale, représentant un sujet champêtre, d'après Boucher.

604 — Grande boîte ronde, en racine de buis doublée d'écaille. Le couvercle est orné d'un très-beau fixé, par Joseph Vernet, représentant une vue maritime pendant une tempête.

605 — Petite boîte ronde, en écaille, doublée en or; le couvercle est orné d'un fixé représentant un sujet champêtre, dans le style de Boucher, avec bordure en or gravé.

606 — Grande boîte de forme contournée, en ancienne porcelaine de Chine, décorée d'oiseaux et de fleurs en couleurs, et montée à gorge à charnière en argent; l'intérieur du couvercle est orné d'un médaillon de personnages finement peint, dans le style européen.

607 — Tabatière carrée, en ancienne porcelaine tendre de Saint-Cloud, gaufrée à treillis et décorée de fleurs et d'un médaillon d'oiseaux. L'intérieur du couvercle présente diverses figures dans un paysage. Monture à gorge à charnière en argent.

608 — Boîte de forme carré-long, en argent. Le couvercle est orné d'une plaque en émail de Saxe, représentant un paysage avec personnages et cours d'eau, et à bordure en relief en application d'or.

609 — Deux boîtes : l'une de forme ovale, en porcelaine d'Allemagne, avec buste en relief sur le couvercle, et montée en argent ; l'autre en émail de Saxe, décorée de paysages avec bordures fond rose et dessins blancs, montée en cuivre doré.

610 — Deux boîtes rondes : l'une en écaille, l'autre en racine de buis ; elles sont ornées chacune d'une miniature sur vélin, représentant des bouquets de fleurs et de fruits.

611 — Deux boîtes en racine de buis, ornées de dessins à la mine de plomb, par de Boissieu, représentant des paysages.

612 — Deux boîtes : l'une de forme ovale, en argent, avec médaillons représentant des nymphes, des satyres et des amours exécutés au repoussé ; l'autre en bois tourné, avec repoussé en argent, portant la date de 1670.

613 — Deux boîtes en ivoire sculpté : l'une forme ballon, à

figures et attributs, d'après Boucher; l'autre modèle drageoir, de forme carrée, à figures et ornements dans le style de Boule.

614 — Deux boîtes rondes : l'une en vernis de Martin, décorée de figures; et l'autre en vernis de Martin, ornée d'une miniature sur ivoire, à figures et galonnée en cuivre.

615 — Deux boîtes rondes : l'une en racine de buis avec miniature gouachée par Nicole; l'autre en écaille avec miniature sur vélin, à sujet de paysages.

616 — Deux boîtes rondes : l'une en écaille, ornée d'une miniature, portrait d'homme du temps de Louis XV, sur vélin; l'autre en poudre d'écaille, ornée d'un portrait de jeune fille peint sur porcelaine.

617 — Deux boîtes rondes : l'une en racine de buis avec sculpture de Bonzanigo, représentant un buste d'homme avec inscription : *Petrus Metastasius;* l'autre en ivoire avec peinture sur verre du temps de Louis XVI.

618 — Deux petites boîtes rondes : l'une en écaille blonde; l'autre en écaille brune, et ornées de miniatures.

619 — Trois boîtes rondes en écaille et en serpentine, ornées de portraits de femmes peints en miniature.

620 — Montre à double boîte en or repoussé, à figures et ornements; mouvement à répétition. Epoque Louis XV.

621 — Montre en or émaillé, du temps de Louis XVI, à figures sur fond bleu et perles fines.

622 — Montre à répétition, en argent ciselé, repercé à jour, et enrichie de cornalines taillées et rapportées. Epoque Louis XV.

623 — Deux grosses montres ; l'une en chagrin à cloutage d'or, et l'autre en cuivre gravé avec portrait de femme peint sur émail. Les cadrans sont à cartouches.

624 — Joli gobelet en émail de Saxe, décoré de médaillons de personnages, et monté avec pied et couvercle en vermeil.

625 — Deux salières en émail de Saxe, et petite coupe ronde décorée intérieurement et extérieurement à fleurs en couleurs sur fond blanc.

626 — Petite plaque, en or repoussé à figures et ornements de style rocaille. Epoque Louis XV.

627 — Reliquaire en argent gravé contenant de très-fines sculptures sur bois représentant divers sujets tirés de la vie du Christ, et petit triptyque contenant des peintures à l'huile sujets saints. Travail greco-russe.

628 — Dessus de boîte en vernis de Martin à figures d'oiseaux et de fleurs en burgau et incrustations d'or.

629 — Canne avec pomme en argent repoussé à bustes et ornements.

630 — Quatre pièces : Pomme de canne en cristal de roche, pomme de canne en bronze doré, petite mosaïque de Rome provenant d'une bague, et presse-papier en verre avec peinture représentant divers monuments de Pise.

631 — Petit poignard à lame damas, poignée en jade blanc et fourreau garni en vermeil.

632 — Petit socle en cristal de roche et boucle en argent émaillé. Travail oriental.

Émaux peints

633 — Très-beau portrait d'homme, vu de trois quarts, finement peint sur émail, et signé *Dulieu*, 1786.

634 — Très-joli portrait de la reine Hortense, finement peint sur émail, par *Louise Kugler*. Dans un cadre en or ciselé à chaînettes

635 — Petit portrait ovale de la duchesse de Bourgogne, finement peint sur émail. Epoque Louis XIV. Il est monté dans un cadre caré à réverbère en or ciselé et filet d'émail bleu.

636 — Portrait d'homme du temps de Louis XIV, portant l'armure et le grand cordon bleu, finement peint sur émail et sur or.

637 — Portrait ovale d'une des filles de Louis XV finement peint sur émail.

638 — Portrait carré, de mademoiselle Mars, très-finement peint sur émail, par *Soiron*, en 1814.

639 — Petit portrait de femme, finement peint sur émail dans la manière anglaise et de forme ovale.

640 — Deux portraits d'hommes du temps de Louis XVI, peints sur émail. L'un d'eux est monté dans un médaillon en argent doré.

641 — Portrait de l'impératrice de Russie, épouse de l'empereur Nicolas, peint sur émail.

642 — Deux portraits de femmes peints sur émail; l'une d'elles est en costume Louis XIII, et l'autre est coiffée à la Sévigné.

643 — Portrait de Jean-Jacques Rousseau, peint en grisaille sur fond bleu par *Coteau*. Il porte la devise : VITAM. IMPEDERE. VERO. Bordure en bronze doré.

644 — Petit portrait ovale du roi Louis XVIII, finement peint sur émail.

645 — Deux peintures sur émail, de forme carrée, représentant des bustes de Bacchantes. Elles sont attribuées à Soiron.

646 — Plaque en émail de forme carré-long; elle représente Alexandre visitant la famille de Darius. Bordure en bois noir et bronze doré.

647 — Grande plaque carrée, représentant la Vierge noire au milieu d'un site montagneux. Cet émail est placé dans une bordure en bois noir à moulures.

648 — Cinq jolies plaques, de forme carré-long en hauteur, décorées de fleurs, de fruits et d'oiseaux finement peints en couleurs sur fond blanc. Epoque Louis XIII.

649 — Plaque de forme carrée, représentant la sainte Famille. Cadre à moulures en bois noir.

650 — Plaque de forme ovale, représentant un combat de de cavaliers. Cadre à moulures en bois noir et filets dorés.

651 — Trois plaques d'émail de forme ovale; l'une d'elles est décorée de fleurs finements peintes, et les deux autres présentent chacune une figure de Diane émaillée sur fond blanc.

652 — Plaque en émail de forme ovale; elle représente saint Pierre en adoration. Epoque Louis XIV.

653 — Plaque en émail de forme carrée, à angles coupés offrant le sujet de la charité romaine. Epoque Louis XV.

654 — Deux jolies plaques de forme ovale, présentant des vases, des fleurs et des fruits finement peints en couleurs. Epoque Louis XV.

655 — Petite plaque ronde, en émail, présentant un bouquet de fleurs finement peintes en couleurs. Epoque Louis XV.

656 — Deux plaques de forme carrée, à angles arrondis. L'une d'elles représente Diane au bain, et l'autre Vénus et l'Amour.

657 — Plaque de forme ovale représentant une fête villageoise très-finement peinte en grisaille.

658 — Jolie peinture sur émail et sur or de forme ovale, par Follery. Elle représente Léda et le cygne. Travail de Genève.

659 — Deux plaques, l'une de forme octogone allongée émaillée sur or. Elle représente l'enlèvement d'Hélène. L'autre, aussi émaillée sur or, représente un sujet à trois personnages. Travail de Genève.

660 — Plaque de forme carré-long émaillée sur or. Elle représente Bélisaire demandant l'aumône. Bordure en or. Travail de Genève.

661 — Portrait de femme vu à mi-corps, finement peint sur émail, et signé *Courtois*, sur plaque de forme ovale. Epoque Louis XVI.

662 — Médaillon de forme ovale en or ciselé et verre bleu. Il est orné sur une de ses faces d'une peinture sur émail représentant une offrande à l'Amour, et sur l'autre d'une miniature sur ivoire. Epoque Louis XVI.

663 — Jolie peinture sur émail, du temps de Louis XVI, offrant le sujet de Suzanne et les vieillards.

664 — Deux plaques rondes offrant des sujets en grisaille sur fond rose. Epoque Louis XVI.

665 — Deux petits émaux ovales du temps de Louis XVI; l'un d'eux représente un personnage en costume de guerrier couronnant un buste de femme; et l'autre, un petit Amour tenant un oiseau.

666 — Deux émaux ovales, de style Louis XVI, représentant des offrandes à l'Amour. L'un d'eux est peint en grisaille, et l'autre en couleurs.

667 — Deux peintures, sur émail, représentant des Amours jouant. L'un d'eux est peint en grisaille, et l'autre en couleurs.

668 — Deux plaques rondes offrant les figures de Vénus et Adonis, finement peintes sur émail.

669 — Médaillon ovale en argent, émaillé sur les deux faces, à figures et inscriptions : *l'Amour t'exerce; mon cœur t'adresse*. Epoque Louis XIII.

670 — Couvercle de médaillon, très-finement peint sur émail et sur or. Il représente Adam et Eve dans le Paradis terrestre. Au revers se trouve une inscription allemande qui se traduit ainsi : *Aimer et être aimé est la meilleure joie.* Epoque Louis XIII.

671-672 — Sept émaux sur or, du temps de Louis XIII, offrant des sujets tirés de l'Ancien et du Nouveau Testament. Ils seront vendus par lots.

674-675 — Sept émaux Louis XIII, offrant des sujets saints. Ils seront vendus par lots.

676 — Cinq émaux ovales offrant des figures de saints personnages dont deux en couleurs et trois en camaïeu rouge.

677 — Plaque carrée, présentant le sujet de l'adoration de l'enfant Jésus, par saint Jean, peint en camaïeu rouge. Bordure en bois noir.

678 — Médaillon, sujet saint, avec bordure émaillée et plaque ovale, offrant le blason de France émaillé en couleurs sur fond noir et portant la date de 1717.

679 — Quatre peintures sur émail, provenant de tabatières dont deux à figures grisailles sur fond bleu, par Coteau.

680 — Deux peintures, sur émail, de forme ovale, offrant des paysages avec monuments et ruines.

681 — Dessus de boîte de forme ronde, en émail de Saxe, à figures en grisaille dans le style de Watteau à l'extérieur, et à figures en couleurs à l'intérieur. Plaque ronde offrant un sujet d'intérieur du temps de Louis XIV.

682 — Trois pièces d'émail dont une de forme ronde avec ouverture au centre, décorée d'oiseaux et de fleurs sur fond blanc; une autre offrant des jeux de tritons et de Naïades, et la dernière représentant un intérieur peint en camaïeu rouge.

683 — Deux médaillons ronds finement peints en grisaille sur fond noir et deux portraits d'hommes en camaïeu rouge sur fond blanc obtenus par l'impression. Ces derniers ont des cadres en cuivre doré.

684 — Un lot de sept peintures diverses sur porcelaine ou sur émail.

Portraits en miniature

ÉPOQUE LOUIS XIV

685 — Grande et belle miniature, de forme carré-long en hauteur, sur vélin. Portrait de madame la duchesse de Mortemart; elle est vue de face presque en pied, le bras droit appuyé sur un vase de fleurs.

686 — Grande miniature, de forme ovale, sur vélin. Elle représente une jeune femme à demi couchée dans un

paysage, elle a à ses pieds des fruits et des fleurs. Bordure en bois sculpté et doré de l'époque.

687 — Petite miniature ovale sur vélin. Portrait de femme, très-fin d'exécution.

688 — Deux miniatures ovales sur vélin. Portraits de Henriette de France, femme de Charles Ier, roi d'Angleterre, et de Henriette, Anne d'Angleterre, fille de Charles Ier et d'Henriette de France. Cette dernière porte le monogramme I H. Cadres en bronze doré.

689 — Miniature carrée sur vélin. Portrait de femme portant une large collerette et placée dans un encadrement de fleurs sur fond d'or.

690 — Miniature ovale sur vélin. Portrait de Anne Martinozzi, princesse de Conti.

691-693 — Quatre miniatures sur vélin, dont trois de forme ovale et une carrée. Portraits de femmes. Elles seront vendues séparément.

694 — Grande miniature carrée sur vélin. Portrait du grand Dauphin assis près d'une table et carressant un lévrier.

695 — Deux miniatures sur vélin. L'une, de forme carrée, représente un personnage assis dans un jardin et jouant de la mandoline; l'autre, de forme ovale, offre le portrait du duc de Bourgogne. Bordures en bois sculpté et doré.

696 — Miniature sur vélin. Portrait de Molière.

697 — Miniature ovale sur vélin. Portrait du Régent.

698 — Deux miniatures ovales sur vélin. Portraits de Rigault, peintre, et d'un personnage à grande perruque à rallonge et rabat blanc.

699 — Deux miniatures ovales sur vélin. Portraits d'hommes; ils portent l'armure et la perruque à rallonge.

700 — Trois petites miniatures ovales sur vélin. Portraits d'hommes.

701 — Miniature carrée sur vélin. Portrait de Louis, duc d'Orléans de Valois, fils de Ch. duc d'Orléans, Régent. Il est représenté en saint Jean. Cadre en bois noir à moulures.

Portraits en miniature

ÉPOQUE LOUIS XV

702 — Miniature carrée sur vélin. Elle représente une des filles de Louis XV vue à mi-corps, tenant un gouvernail et appuyée sur une urne d'où s'échappe de l'eau.

703 — Miniature carrée sur vélin. Portrait de femme dont le corsage est garni d'une guirlande de fleurs.

704 — Miniature ovale sur vélin, attribuée à la Rosalba. Jeune femme à sa toillette. Elle provient de la collection Leblond.

705 — Miniature carrée sur vélin ; jeune femme tenant un petit chien noir sur ses genoux.

706 — Miniature carrée sur vélin. Portrait de femme vue à mi-corps ; elle est appuyée sur son bras droit.

707 — Miniature carrée sur ivoire. Portrait de la Rosalba.

708 — Deux miniatures sur vélin. Elles représentent deux portraits de femmes, dont l'une est en costume de Diane chasseresse.

709 — Miniature ovale sur ivoire. Portrait de femme en costume de bergère.

710 — Deux miniatures sur vélin. L'une de forme ronde représente un portrait de femme, et l'autre, de forme carrée représente un portrait de jeune fille dans un paysage.

711 — Deux miniatures ovales sur ivoire. L'une représente le portrait de Boucher, peintre, et l'autre, le portrait de sa femme.

712 — Deux miniatures carrées sur ivoire, représentant des portraits de princesses allemandes.

713 — Deux jolies miniatures ovales sur ivoire. Elles représentent deux portraits de jeunes filles.

714 — Deux miniatures ovales: l'une sur vélin, et l'autre sur ivoire. Elles représentent deux portraits de femmes.

715 — Deux miniatures sur vélin, représentant des portraits de femmes.

716 — Deux miniatures, sur vélin, représentant deux portraits de femmes dont l'une en costume de religieuse.

717 — Deux miniatures sur ivoire; l'une de forme ovale, représente une jeune femme assise sur un divan; l'autre, carrée, offre le portrait d'une jeune fille lisant.

718 — Deux miniatures carrées sur ivoire. Elles représentent des portraits de jeunes filles d'après Boucher. Elles sont placées dans une bordure en bois sculpté.

719 — Deux miniatures sur vélin, dans la manière de Klinstett. Elles représentent des portraits de femmes.

720 — Deux miniatures ovales sur vélin. Portraits d'une princesse polonaise.

721-725 — Onze miniatures sur vélin et sur ivoire, représentant des portraits de souverains et princes français et étrangers de l'époque Louis XV. Deux d'entre elles sont placées dans des étuis en chagrin avec cloutages. Elles seront vendues par lots.

Portraits en miniature

ÉPOQUE LOUIS XVI

726 — Grande et très-belle miniature sur ivoire, de forme carrée, attribuée à Campana. Elle représente un portrait de femme vêtue de blanc. Elle est placée dans une jolie bordure en bois sculpté et doré avec un chiffre exécuté en cheveux composé des lettres A. D. C.

727 — Jolie miniature de forme ovale, sur ivoire, signée Hall. Portrait de jeune femme ; elle a le sein découvert.

728 — Grande et belle miniature carrée, sur ivoire, signée, Laurent, 1789. Elle représente une jeune femme, assise au milieu d'un parc. Bordure en bois doré.

729 — Grande miniature carrée sur ivoire, signée, L. 1793. Elle représente les portraits en pied d'un jeune homme et d'une jeune fille se donnant la main, au milieu d'un parc.

730 — Jolie miniature ovale sur ivoire, signée, Sicardi, 1787. Portrait du roi Louis XVI.

731 — Jolie miniature ovale, sur ivoire. Portrait de la reine Marie-Antoinette.

732 — Belle miniature ronde, sur ivoire. Portrait de la reine Marie-Antoinette. Dans une bordure en bronze doré au mat, surmontée de la couronne royale.

733 — Miniature ronde, sur ivoire. Portrait du roi Louis XVI. Bordure pareille à celle qui précède.

734 — Jolie miniature ronde, sur ivoire. Portrait de madame la princesse de Lamballe. Bordure pareille à celles qui précèdent.

735 — Miniature ronde, sur ivoire, signée M. G. Capet, l'an II de la liberté. Portrait de jeune femme.

736 — Miniature ronde, sur ivoire, signée Sambat, 1785. Portrait de jeune femme.

737 — Grande miniature ovale, sur ivoire, signée de Saint-Ligié, 1784. Elle représente les portraits d'une famille composée de sept personnages. Bordure en bronze doré.

738 — Jolie miniature ovale, sur ivoire, signée Dumas. Portrait de jeune femme en corsage rose.

739 — Miniature ovale, sur ivoire, signée De Meys, 1789. Portrait de femme tenant un petit chien.

740 — Miniature ronde, sur ivoire, signée Villers, 1784. Portrait de jeune fille.

741 — Deux miniatures rondes, sur ivoire, signées Lemoine, 1789. Portraits de femme et d'homme.

742 — Miniature ronde, sur ivoire, signée Dubourg. Portrait de femme en costume et avec les attributs d'une Muse.

743 — Jolie miniature ronde, sur ivoire. Portrait de jeune femme vue à mi-corps et vêtue d'une robe bleue.

744 — Miniature ovale, sur ivoire, dans la manière de Fragonard. Portrait d'un jeune garçon en costume de Pierrot.

745 — Deux miniatures ovales, sur ivoire, dans la manière de Fragonard. Jeune garçon et jeune fille.

746 — Miniature carrée, sur ivoire, dans la manière de Fragonard. Jeune garçon en costume de Pierrot.

747 — Jolie miniature ronde, sur ivoire. Portrait d'une jeune femme nue, vue à mi-corps et à demi couchée.

748 — Belle miniature ovale, sur ivoire, par Weyler, 1784. Portrait de M. le comte d'Angivillers, intendant général des bâtiments de la couronne sous Louis XVI. Le même portrait, peint sur émail par le même artiste, se trouve au musée du Louvre.

749 — Jolie miniature ronde, sur ivoire, signée Comté. Portrait de jeune homme dessinant.

750 — Jolie miniature ovale, sur ivoire, par Sicardi, 1787. Portrait d'homme.

751 — Miniature ovale, sur ivoire, signée Hall. Portrait de jeune fille.

752 — Grande miniature carrée, sur ivoire. Jeune fille arrosant un pot de fleurs posé sur l'appui de sa fenêtre.

753-766 — Quatorze miniatures sur ivoire, représentant des portraits de femmes. Elles seront vendues séparément.

767-785 — Quarante miniatures, sur vélin et sur ivoire, représentant des portraits de femmes. Elles seront vendues par deux.

786-791 — Douze miniatures, sur vélin et sur ivoire, représentant des portraits d'hommes. Elles seront vendues par deux.

Portraits en miniature

DE L'ÉPOQUE DU DIRECTOIRE, DE L'EMPIRE ET DE LA RESTAURATION

792 — Belle miniature ronde, sur ivoire, par Augustin, 1793. Portrait du général Westermann.

793 — Deux miniatures : l'une d'elles, peinte sur ivoire par Sicardi, 1792, représente le général Dumoustiers ; l'autre, sur vélin, par Augustin, représente le général Cafarelli.

794 — Jolie miniature ovale, sur ivoire, par Augustin, 1815. Portrait de jeune femme en costume bleu clair.

795 — Grande et belle miniature ovale, sur ivoire, signée P. P. Prud'hon, 1803. Portrait de Millevoie. Dans une bordure en bronze doré au mat.

796 — Miniature ronde, sur ivoire, signée P. P. Prud'hon. Portrait de femme vue à mi-corps, que l'on suppose être mademoiselle Georges, actrice.

797 — Miniature carrée, sur ivoire. Portrait du roi de Rome, enfant.

798 — Miniature carrée, sur ivoire, par Isabey, 1814. Portrait du roi Louis XVIII.

799 — Grande miniature carrée, sur ivoire, par mademoiselle Fanny Charrin. Portrait de madame Récamier.

800 — Grande miniature carrée, sur ivoire. Portrait de mademoiselle Constance Mayer, artiste peintre, élève de Prud'hon.

801 — Miniature carrée, sur ivoire, par J. Parent, 1816. Portrait du duc de Wellington.

802-804 — Trois miniatures ovales, sur ivoire, par Mansion. Elles représentent des portraits de femmes, parmi lesquels se trouve celui de mademoiselle Mars. Elles seront vendues séparément.

805 — Miniature ovale, sur ivoire. Portrait de madame la duchesse de Berry, attribué à madame de Mirbel.

806 — Miniature carrée, sur ivoire, par J. Lecourt. Elle représente une jeune femme assise devant son piano.

807 — Miniature ovale, sur ivoire, par C. Noël. Portrait du duc de Berry.

808 — Miniature carrée, sur ivoire, par Chatillon. Portrait de madame la princesse Borghèse.

809 — Jolie miniature carrée, sur ivoire. Portrait de jeune femme, dans un cadre en or gravé.

Miniatures

810 — Grande et très-belle miniature, de forme carré-long, sur vélin, par Guillaume Baur. Elle représente la vue d'un quai de Venise, bordé de très-beaux palais et enrichi de quantité de personnages très-finement exécutés. Bordure en bois sculpté et doré.

811 — Autre belle miniature, sur vélin, par Guillaume Baur. Décapitation d'un saint personnage en présence d'un grand nombre d'autres personnages. Dans le fond du paysage se trouve un temple antique, enrichi de sculptures et de statues. Bordure du temps de Louis XIV, en bois sculpté doré.

812 — Deux très-belles miniatures, sur vélin, par Guillaume Baur. Elles représentent le baptême de saint Jean et le Christ partant pour la pêche miraculeuse. Ces deux scènes se passent en présence d'un grand nombre de personnages très-finement exécutés. Bordures en bois sculpté et doré.

813 — Deux très-jolies miniatures, de forme carré-long, sur vélin, par Guillaume Baur. L'une d'elles représente la vue d'un quai de Venise, bordé de palais; et l'autre, le départ d'une flotte. Bordures dorées.

814 — Deux miniatures, sur vélin, par Guillaume Baur. L'une d'elles représente la crèche et l'autre le calvaire. Bordures en bois sculpté et doré.

815 — Deux autres miniatures, sur vélin, par Guillaume Baur. Vues des places et colonnes Trajane et Antonine, à Rome.

816 — Deux très-belles miniatures, sur vélin, par R. Van Orley. L'une d'elles représente deux figures de femmes, et l'autre une nymphe, un satyre et des amours. Ces sujets sont placés dans des paysages enrichis de monuments et d'attributs finement exécutés. Bordures en bois sculpté et doré, du temps de Louis XIV.

817 — Grande miniature, de forme carré-long en largeur, sur vélin. Diane chasseresse et ses suivantes au retour de la chasse. Epoque Louis XIV.

818 — Deux miniatures, de forme carré-long, sur ivoire.

L'une d'elles représente David vainqueur de Goliath, et l'autre, Moïse sauvé des eaux. Même époque.

819 — Miniature, de forme cintrée par le haut, sur ivoire. Elle représente la mort de saint Louis, d'après le tableau de Jean Jouvenet. Elle provient de la collection de l'abbé Dufouleur.

820 — Grande miniature ovale, sur vélin, très-fine d'exécution. Elle représente la crèche. Epoque Louis XIV. Elle est placée dans une bordure en bois sculpté, du temps de Louis XVI.

821 — Grande miniature carrée, sur vélin, signée Susane Huet de Pleneuille. Elle représente la Sainte Famille. Bordure en bois sculpté, du temps de Louis XIV.

822 — Jolie miniature ovale, sur vélin, du temps de Louis XIV. Elle représente la Sainte Vierge tenant son divin Fils, endormi sur ses genoux. Bordure du temps, en bois sculpté et doré.

823 — Miniature carrée, sur vélin, du temps de Louis XIV. Elle représente sainte Cécile. Bordure en bronze doré, à moulures.

824 — Deux miniatures, sur vélin, du temps de Louis XIV. L'une d'elles représente la Vierge à l'œillet, d'après Raphaël; et l'autre une femme en riche costume, portant la tête de saint Jean.

825 — Trois miniatures, sur vélin, dont l'une représente la Vierge et l'enfant Jésus; et les deux autres, deux saints personnages en adoration.

826 — Quatre autres miniatures, sur vélin, représentant divers sujets de sainteté. Elles sont placées dans des bordures du temps de Louis XIV, en bois finement sculpté et doré.

827 — Jolie miniature, sur vélin, de forme carré-long en hauteur, attribuée à Boucher. Jeune femme et deux enfants dans un bois.

828 — Miniature, de forme carré-long en hauteur, sur vélin, par Charlier. Femme nue, debout, vue de dos.

829 — Jolie miniature, de forme carré-long, sur ivoire, par Charlier. Femme nue, à demi couchée, jouant avec deux enfants.

830 — Miniature, de forme carré-long, sur ivoire, par Charlier. Vénus et amour. Bordure en bronze doré.

831 — Autre miniature, sur ivoire, par Charlier, représentant un sujet analogue.

832 — Autre jolie miniature, sur ivoire, par Charlier. Vénus nue, couchée et endormie dans un paysage.

833 — Jolie miniature, sur ivoire, de forme carré-long, à angles coupés. Elle représente Vénus assise, l'Amour et deux colombes.

834 — Jolie miniature ronde, sur ivoire, par Charlier. Jeune femme à demi nue, couchée sur un lit de repos.

835 — Petite miniature ovale, sur ivoire, par Charlier. Elle représente Vénus et l'Amour.

836 — Miniature ronde, sur ivoire, attribuée à Charlier. Femme nue, assise dans un paysage.

837 — Miniature, de forme carré-long en hauteur, sur ivoire, dans la manière de Charlier. Jeune femme mettant le pied dans un étang, en se tenant à une branche d'arbre.

838 — Miniature ovale, sur ivoire, d'après Boucher. Deux femmes nues, surprises par un cygne.

839 — Miniature, de forme ovale en hauteur, sur ivoire. Vénus et Amour. Bordure en bronze doré.

840 — Miniature ronde, sur ivoire, d'après Boucher. Nymphes au bain. Cadre en bronze doré.

841 — Deux miniatures ovales, sur ivoire, du temps de Louis XV. Le Temps coupant les ailes à l'Amour devant Vénus éplorée, et jugement de Pâris.

842 — Deux autres miniatures ovales. Danaé couchée et Vénus endormie.

843 — Deux miniatures rondes, sur ivoire. Léda et le cygne, et Vénus couchée et endormie.

844 — Jolie miniature ronde, sur vélin. Elle représente la tentation de saint Antoine.

845 — Deux miniatures rondes : l'une sur vélin, l'autre sur ivoire. La première représente Pygmalion animant sa statue; et la seconde, Vulcain, Vénus et l'Amour.

846 — Deux miniatures rondes, sur ivoire. Jeune paysanne assise, et femme à demi couchée dans un paysage. Epoque Louis XVI.

847 — Miniature, de forme carré-long, sur ivoire. Une partie de cartes sous Louis XV. Bordure en bronze doré.

848 — Deux miniatures sur ivoire : l'une, de forme ronde, représente Mars et Vénus; l'autre, de forme ovale, représente une jeune femme sortant du bain.

849 — Grande miniature ovale, sur ivoire. Elle porte le monogramme S. D. et la date 1776. Elle représente Pierrot portant dans un plat une saucisse que Colombine semble convoiter.

850 — Grande miniature carrée, sur vélin. Nymphe nue, endormie dans un jardin et surprise par un Satyre. Cadre en bois doré.

851 — Jolie miniature, sur ivoire, de forme carré-long, par Charlier. Jolie femme nue, couchée sur un lit de repos.

852 — Miniature ronde, sur ivoire, dans la manière de Charlier. Léda, le cygne et l'Amour dans un jardin.

853 — Miniature ronde sur ivoire, d'après Boucher. Deux nymphes au bain surprises par un cygne.

854 — Miniature ronde, sur ivoire, du temps de Louis XVI. Elle représente le sacrifice d'Iphigénie.

855 — Grande et belle miniature ronde, sur ivoire, signée : Landragin f. Du vieux. Jeune fille à demi nue entourant de pampres une statue du dieu Pan, terminée en hermès.

856 — Miniature carrée sur ivoire. Nymphe nue, couchée et endormie, surprise par un Satyre et un Amour.

857 — Miniature carrée sur ivoire. Vénus, Adonis et Amours.

858 — Deux miniatures rondes, sur ivoire. L'une d'elles, signée Gondolfi, représente une offrande au dieu Pan ; l'autre, Vénus et Vulcain.

859 — Miniature sur vélin. Génie ailé pleurant devant la tête de Marie Stuart, placée sur un filet d'or et voilée. Au revers se trouve l'inscription suivante : *Te Head of mary, queen of scots after her execution* the 8 th of fabruary Anno Domini 1587.

860 — Miniature, de forme carré-long, en ivoire. Jeune homme versant le contenu de son verre dans le verre d'une jeune femme en costume Louis XV. Bordure en cuivre doré

861 — Miniature ronde sur ivoire. Moine et religieuse en conversation.

862 — Grande miniature ovale sur ivoire. Jeune fille frappant l'Amour avec son oreiller.

863 — Miniature ronde, sur ivoire, représentant un sujet pastoral d'après Boucher.

864 — Miniature ronde, en grisaille, d'après Greuze. La bonne mère.

865 — Trois petites miniatures sur ivoire : 1° Vénus et amour : 2° sujet pastoral ; 3° Deux Amours peints en grisaille sur fond rose.

866 — Deux portraits de jeunes filles d'après Greuze. L'une d'elles représente la pleureuse d'oiseau.

867 — Grande miniature de forme carrée sur ivoire. Bacchant et Bacchante courant, en portant un enfant sur leurs épaules.

868 — Grande miniature, de forme carré-long en hauteur. Vénus, Amour et deux colombes.

869 — Miniature carrée, sur ivoire. Tête de Bacchante, d'après Greuze.

870 — Miniature carrée, sur ivoire, d'après Greuze. Jeune fille assise ; près d'elle un panier d'œufs renversé.

871 — Grande miniature, de forme carré-long, sur ivoire. signée Carl. Bechan. P. Eyst. Amour appuyé sur le corps de Vénus endormie.

872 — Trois miniatures. 1° Sujet, d'après Watteau, sur vélin; 2° Amour couché et 3° Amour sortant d'une lucarne.

873 — Trois miniatures dont deux sur vélin, et une sur ivoire. Triomphe d'Amphitrite; trois jeunes filles jouant, et jeune femme près d'une statuette d'Amour.

874 — Trois miniatures dont d'eux sur ivoire : 1° Jeune femme et son enfant; 2° Le diseur de bonne aventure et 3° Bustes de quatre femmes, d'après Rubens.

875 — Seize petites miniatures rondes, sur ivoire, représentant des figures de jeunes filles et autres sujets sur fond noir. Elles proviennent de boutons d'habits du temps de Louis XVI.

876 — Dix-huit boutons d'habit ornés de miniatures à l'encre de Chine sur vélin, représentant divers sujets de personnages. Epoque Louis XVI.

877 — Jolie miniature, de forme carré-long, par Klinstett. Suzanne et les vieillards.

878 — Miniature ovale, sur vélin, attribuée à Klinstett. Jeune fille regardant un oiseau qu'un jeune homme lui présente.

879 — Miniature ovale, sur vélin, attribuée à Klinstett. Jeune

homme mettant un oiseau dans une cage que lui présente une jeune fille.

880 — Miniature carrée, sur vélin, attribuée au même artiste. Jeune femme couchée sur un lit de repos.

881 — Miniature ronde, sur vélin, dans la manière de Klinstett. Jeune fille et jeune garçon.

882 — Deux miniatures dans la manière de Klinstett. Vénus mettant un bandeau sur les yeux de l'Amour, et Loth et ses filles.

883 — Deux miniatures, dans la manière de Klinstett. Jeunes filles prenant le chapeau d'un jeune homme endormi, et jeunes filles regardant un coq et une poule.

884 — Deux miniatures. L'une au crayon représente une danse champêtre dans la manière de Watteau. L'autre est dans la manière de Klinstett.

885 — Deux miniatures, d'après Watteau. Le Collin-Maillard au crayon rehaussé et repos de chasse en grisaille avec cercle en or.

886 — Grande et jolie miniature gouachée, dans la manière de Van Blarenberghe. Vue des lavandières du côté de la porte de Crouest à Troyes. Bordure dorée.

887 — Quatre miniatures gouachées sur vélin, dont une de

forme carrée, et les trois autres provenant de panneaux de tabatières. Elles représentent des paysages avec figures.

888 — Deux miniatures, de forme carrée, sur vélin, représentant des paysages avec figures.

889 — Cinq jolies miniatures, dont deux de forme ovale et trois panneaux à sujets d'après Boucher et paysages très-fins d'exécution.

890 — Huit miniatures, sur vélin, dessus de boîtes et panneaux dont trois à sujets d'après Watteau ; les cinq autres représentent des paysages et des ruines. Les cercles sont en or.

891 — Trois miniatures sur vélin, dont deux de forme ovale l'autre de forme ronde. Elles représentent des vues de parc et un théâtre. Epoque Louis XVI.

892 — Jolie miniature ronde, sur vélin, représentant une fête de village, par Both et Baudoin.

893 — Deux miniatures ovales gouachées, représentant des paysages.

894 — Très-jolie miniature gouachée, par G. Van Spaendonck. Vase et bouquet de fleurs ; cadre en or.

895 — Deux miniatures rondes sur ivoire, dont une signée, C. G. Sauvage, et l'autre, par Vandaël. Vases et bouquets de fleurs.

896 — Trois miniatures gouachées, dont deux de forme carrée et une ronde. Vases et bouquets de fleurs.

897 — Deux miniatures rondes gouachées. Vases et bouquets de fleurs.

898 — Deux miniatures gouachées, signées Baclc, 1787. Vues de Châteaux sur le lac de Genève.

899 — Deux miniatures allemandes, de la fin du XVIe siècle, représentant des sujets allégoriques avec figures d'Amours et inscriptions.

900 — Jolie miniature ronde, en grisaille teintée sur fond noir. Elle représente Vénus assise couronnant l'Amour; cadre en bronze doré.

901 — Deux miniatures rondes, sur ivoire, peintes en grisaille sur fond noir, dont l'une signée, De Gault. Elles représentent un Satyre et sa famille, et femme assise dans un char traîné par des chèvres.

902 — Deux miniatures ovales, en grisaille, sur fond noir, dont une par Sauvage. Amour sur un char traîné par des colombes, et l'Amour et l'Amitié.

903 — Deux autres miniatures, en grisaille, dont une au monogramme C. V. L'une d'elles représente des femmes nues, enlancées de fleurs par des amours, et l'autre, Vénus, Adonis et des Amours.

904 — Deux miniatures rondes, sur ivoire. L'une représente Laocoon et ses fils, peinte à l'imitation des camées, par De Gault, et l'autre, peinte en grisaille, offre les figures de Diane et de l'Amour.

905 — Trois miniatures en grisaille, dont deux de forme ronde, et l'autre, de forme longue. Cette dernière offre les figures de Vénus, d'Adonis et des Amours sur des nuages. Les deux autres offrent des sujets champêtres et allégoriques.

906 — Miniature de forme carré-long, en hauteur, peinte en grisaille sur ivoire. Nymphes dansant.

907 — Jolie miniature sur vélin, de forme carrée. Jeune femme en costume de la fin du XVIIe siècle. Elle est à son balcon et tient un éventail et un mouchoir.

908 — Jolie miniature sur ivoire, de forme carrée. Elle représente la Vierge contemplant son divin fils endormi.

909 — Médaillon en velours, représentant une femme assise, des enfants et un buste de Pan se terminant en hermès.

910 — Trois miniatures : Portrait d'homme d'après Rembrandt; autre portrait attribué à la Rosalba et retour de chasse.

911 — Trois dessins, en grisaille, par Swebach. Amazones et cavalier.

912 — Belle miniature moderne, sur ivoire. Portrait de César Borghia.

913 — Belle miniature sur vélin, du XVIe siècle. Portrait de Pyrrhus Baleonus. Au revers se trouve une longue inscription latine.

914 — Jolie miniature sur ivoire, d'après Carlo Dolce. Sainte femme en adoration.

915 — Portrait de femme, signé Isabey, 1831, peint sur ivoire et miniature sur vélin représentant la peinture.

916 — Grande miniature ovale, sur ivoire, par Fiocchi, d'après Winterhalter. Portrait de S. M. l'impératrice Eugénie.

917 — Grande miniature carrée sur ivoire, par Fiocchi, d'après Boucher. Vénus et l'Amour.

918 — Autre miniature sur ivoire, par Fiocchi, d'après Boucher. Vénus nue armée d'un carquois et tenant une flèche de la main droite.

919 — Miniature carrée sur ivoire, par Fiocchi, d'après le Titien. Amphitrite.

920 — Miniature carrée sur ivoire, par Fiocchi, d'après Van-Loo, Jeune femme nue, vue de dos, se mettant au lit.

921 — Grande miniature carrée sur ivoire, par Fiocchi. Elle représente deux femmes nues, debout. La brune et la blonde.

922 — Miniature sur ivoire, par Fiocchi. Jeune femme à demi nue, couchée et vue de dos.

923 — Jolie miniature sur ivoire, par Fiocchi, d'après Chaplin. Les premières roses.

924 — Deux miniatures sur ivoire, signées Pastier, 1837. Suzanne au bain, et Psyché et l'Amour.

925 — Miniature de forme ronde, à l'huile, attribuée à De Lioux de Savignac. Vue de l'entrée d'un port de mer.

926 — Médaillon en vernis de Martin, de forme ronde. Nymphe surprise par un Satyre. Cadre en bronze,

927 — Trois médaillons en vernis de Martin, dont une vue maritime, d'après Joseph Vernet.

Fixés

928 — Fixé de forme carré-long, par de Montpetit. Portrait du roi Louis XV.

929 — Trois fixés, dont un représentant une scène de ballet. Les deux autres sont cerclés en or.

930 — Quatre fixés représentant des fêtes flamandes. L'un d'eux est dans la manière de Van Blarenberghe, et il y en a deux, de forme ovale, dans de très-fines bordures en bois sculpté et doré.

931 — Trois fixés, de forme ronde. Vues maritimes, dont une signée Swagers, et une autre attribuée à J. Vernet.

932 — Trois fixés de même forme, représentant des paysages. L'un d'eux est signé J. Vernet, 1764.

933 — Deux jolis fixés, par Lebelle, 1821. Ils représentent des intérieurs d'église et de cloître.

934 — Deux jolis fixés, de forme cintrée par le haut, par Xavier Leprince. Ils représentent le Christ montré au peuple et la crucifixion sur le calvaire.

935 — Joli fixé, par Xavier Leprince. Il représente l'intérieur de Saint-Etienne du Mont, à Paris.

936 — Deux fixés, de forme carré-long en hauteur, représentant les chutes du Reichenbach et de Wandelbach, en Suisse.

937 — Quatre fixés, représentant des paysages, par Bellié Demarne, X. Leprince, etc.

938 — Trois fixés de forme ronde et quatre panneaux prove-

nant d'une tabatière. Ils représentent des paysages et des vues maritimes.

939-943 — Dix fixés représentant divers sujets. Ils seront vendus par deux.

944 — Quantité de bordures anciennes et modernes, en bronze doré, pour miniatures. Elles seront vendues par lots.

www.ingramcontent.com/pod-product-compliance
Ingram Content Group UK Ltd.
Pitfield, Milton Keynes, MK11 3LW, UK
UKHW020323180726
13839UKWH00002B/526

9 782329 546971